Aprender
didática
Ensinar

Ana Maria Petraitis Liblik

Aprender didática Ensinar

EDITORA
intersaberes

EDITORA
intersaberes

Rua Clara Vendramin, 58 · Mossunguê
CEP 81200-170 · Curitiba · PR · Brasil
Fone: (41) 2106-4170
www.intersaberes.com
editora@editorainterssaberes.com.br

Conselho editorial
Dr. Ivo José Both (presidente)
Drª Elena Godoy
Dr. Nelson Luís Dias
Dr. Neri dos Santos
Dr. Ulf Gregor Baranow

Editora-chefe
Lindsay Azambuja

Supervisora editorial
Ariadne Nunes Wenger

Analista editorial
Raphael Bernadelli

Preparação de originais
André Pinheiro

Capa, projeto gráfico e diagramação
Roberto Querido

Iconografia
Danielle Scholtz

1ª edição, 2012.

Foi feito o depósito legal.

Informamos que é de inteira responsabilidade da autora a emissão de conceitos.

Nenhuma parte desta publicação poderá ser reproduzida por qualquer meio ou forma sem a prévia autorização da Editora InterSaberes.

A violação dos direitos autorais é crime estabelecido na Lei nº 9.610/1998 e punido pelo art. 184 do Código Penal.

Dados Internacionais de Catalogação na Publicação (CIP)
(Câmara Brasileira do Livro, SP, Brasil)

Liblik, Ana Maria Petraitis
  Aprender Didática – ensinar Didática/ Ana Maria Petraitis Liblik. – Curitiba: InterSaberes, 2012.

  Bibliografia.
  ISBN 978-85-8212-284-6

  1. Ensino 2. Pedagogia I. Título.

12-09093   CDD-371.3-370

Índices para catálogo sistemático:
  1. Didática: Educação 371.3
  2. Ensino: Planejamento da instrução 371.3
  3. Metodologia do ensino 371.3
  4. Pedagogia 370

Sumário

Apresentação, 7

1 Breve percurso histórico da Didática, 11

2 Didática e Metodologia, 23
Método e Metodologia, 26
Didática, 29

3 Abordagens pedagógicas, 35

4 Planejamento, 43
Planejamento educacional, 47
Planejamento escolar, 49
Planos de ensino ou de aula, 50

5 Processos de aprendizagem: Vygotsky e Piaget, 57
Projetos, 64
Projetos interdisciplinares, 72

6 Avaliação: o que quer dizer *avaliar?*, 79
Considerações sobre os instrumentos de avaliação, 97

7 Processos de ensino e de aprendizagem, 105
Processos de aprendizagem: o ato de aprender, 110
Intervenção e ação, 111

8 Como pensar a organização didática do trabalho docente?, 119

Considerações finais, 135
Referências, 137
Respostas, 141
Sobre a autora, 143

Apresentação

> *É também uma lei de humanidade que, se se conhece qualquer meio de ir a auxílio do próximo para tirá-lo das suas dificuldades, não se deve hesitar; sobretudo quando se trata, não de um homem só, mas de muitos, e não apenas de muitos homens, mas de muitas cidades, províncias e reinos e, digo até, do gênero humano inteiro, como é o caso presente.*
>
> Johannis Amos Comenius

Sei que escrever um livro sobre Didática é ousadia de minha parte. É possível ensiná-la? Tenho minhas dúvidas... O que geralmente nós, professores, costumamos fazer, na tentativa de ensinar, é seguir um modelo, percorrer um caminho relativamente seguro e que, muito provavelmente, já tenha sido trilhado por outros profissionais da educação.

A proposta deste texto aproxima-se disso. Trabalhando há vários anos na formação inicial e continuada de professores, com a disciplina de Didática, no ensino superior, percorro caminhos que estão sustentados por conceitos teóricos com os quais, ao estudá-los, me identifico e por valores nos quais acredito. Nesse percurso, parece-me haver uma dicotomia na formação de professores, com o predomínio de abordagens excessivamente teóricas e pouca atenção às atividades práticas. Ou, em situações de extremo risco, algumas práticas incipientes e quase nenhum estudo teórico sobre essa ciência da educação. Martins, já em 1989, alertava-nos que os profissionais da educação viviam uma contradição, com uma "formação pedagógica abstrata, distanciada da realidade e desvinculada do processo histórico que a gera" (Martins, 1989, p. 75). Estudos mais recentes confirmam tal observação. Nesse sentido, podemos destacar o trabalho realizado pela professora

Marli André. Segundo a autora (André et al. 1999, p. 9), embora os textos pesquisados[1]

> enfatizem a necessidade de articulação entre teoria e prática, tomando o trabalho pedagógico como núcleo fundamental desse processo, a análise das pesquisas evidenciou um tratamento isolado das disciplinas específicas e pedagógicas, dos cursos de formação e da práxis, da formação inicial e da continuada.

Saviani (2008) aponta uma diferença entre ideias educacionais e ideias pedagógicas. As primeiras se referem à educação, "quer sejam elas decorrentes da análise do fenômeno educativo visando explicá-lo, quer sejam elas derivadas de determinada concepção de homem, mundo ou sociedade sob cuja luz se interpreta o fenômeno educativo" (Saviani, 2008, p. 6). Nesses casos específicos estão as ideias produzidas com base em diferentes disciplinas científicas, para as quais o objeto de estudos é a Educação ou o campo da Filosofia da Educação, respectivamente assim entendidos.

As ideias pedagógicas, por sua vez, são as que norteiam este trabalho. Saviani concorda com Durkheim quando este diz que a pedagogia é a "teoria prática da educação" (Durkheim, 1965, citado por Saviani, 2007). E mais: Saviani (2008, p. 7) explicita que "a palavra 'pedagogia', e, mais particularmente, o adjetivo 'pedagógico', têm marcadamente ressonância metodológica denotando o modo de operar, de realizar o ato educativo".

---

[1] A pesquisadora analisou o conteúdo de 115 artigos publicados em 10 periódicos nacionais, 284 dissertações e teses produzidas nos programas de pós-graduação em educação e 70 trabalhos apresentados no Grupo de Trabalho (GT) Formação de Professores, da Associação Nacional de Pós-graduação e Pesquisa em Educação – Anped, na década de 1990.

Neste livro, de certa forma, retomo as ideias de Martins. Em 1989, ela já se questionava a respeito de dicotomia estabelecida entre uma didática de formação acadêmica, extremamente teórica, e uma didática prática. Percebo, em minha experiência docente, que pouco mais de 20 anos depois dessas reflexões, a situação, principalmente, a expectativa de professores em formação inicial e continuada, pouco mudou. Também a respeito dessa fragmentação dicotômica, Freitas (2003, p. 1106, grifo do original) escreve:

> Nossas posições históricas – a luta pela formação do educador de caráter sócio-histórico e a docência como base da formação dos profissionais da educação – têm um caráter avançado: apontam para a necessidade de superação da **fragmentação** na formação – formar o especialista no professor – como para a superação da **dicotomia** – formar o professor e o especialista no educador.

Essa discussão nos leva a refletir sobre como formamos o professor de sala de aula do ensino básico. Para além do seu saber específico, nas diversas ciências que sustentam os conhecimentos mediados aos alunos nos bancos escolares, é imprescindível que esse profissional da educação tenha conhecimentos teóricos e práticos de Didática. Ele deve partir de uma reflexão teórica e caminhar em direção a uma prática possível, além de realizar, também, o movimento contrário: é preciso que haja **ação – reflexão – pesquisa**, em constante movimentação.

Segundo Scheibe (2007, grifo do original),

> a docência como base, tanto da formação quanto da identidade dos profissionais da educação, insere-se na sua compreensão como ato educativo intencional voltado para o trabalho pedagógico escolar ou não-escolar. A **prática docente**, portanto, é assumida como eixo central da profissionalização no campo educacional, mobilizadora da teoria pedagógica.

O título deste texto surge a partir de um dos tópicos do pequeno grande livro *Pedagogia da autonomia: saberes necessários à prática docente* (2000), de Paulo Freire[2]. Segundo o mestre,

> foi aprendendo socialmente que historicamente as mulheres e os homens descobriram no ato de aprender diluída a prática de ensinar. Um dia na história dos homens e das mulheres, um dia mais ou menos recente, é que descobriram que porque aprendiam era possível ensinar, e aí se sistematizou o trabalho de ensino. (Freire, 2010)

E é nesse movimento pendular que me encontro: aprendo e depois ensino o que aprendi, o que vivi. Vivo, ensino, e continuo aprendendo. É por essa razão que este livro, ao refletir o pensamento do mestre Paulo Freire, intitula-se *Aprender Didática, ensinar Didática*. Portanto, dessa forma, respondo ao questionamento realizado no início desta apresentação: sim, **é possível ensinar Didática**, pois foi possível, para nós, aprendê-la.

A epígrafe de Comenius apresenta a proposta desta escrita: Se é possível auxiliar alunos em formação para serem profissionais da educação, por que não fazê-lo? Este texto procura contribuir nesse sentido, e se for de alguma utilidade, mesmo que seja para apenas uma só pessoa que queira ser professor, terá, para mim, valido a pena.

---

[2] A entrevista completa de Paulo Freire, na qual ele relata a escrita do livro citado, está disponível no *site* do Instituto Paulo Freire. Para assisti-la, acesse o *link*: <http://www.paulofreire.org/Crpf/CrpfAcervo000130>.

Capítulo 1

Breve percurso histórico da Didática

Do que trata este capítulo?

Neste capítulo, vamos percorrer um caminho pela história e pela geografia, em tempos e espaços que possibilitarão o entendimento do que é Didática e de como ela "nasce" em um contexto social e educativo europeu. Estudaremos também a Didática como uma das Ciências da Educação e a sua importância para as ações docentes.

Diferentes autores escreveram sobre o fenômeno educativo e o modo como ele acontece. São textos que tratam das maneiras de ensinar, do percurso histórico da instituição escola e das ações docentes. Nesses estudos, percebe-se a influência do tempo e do espaço: são diferentes escritas, autorias e tempos vividos. Alguns textos que podem trazer contribuições significativas para o entendimento da Didática são bem antigos; outros, mais atuais.

Se pensarmos em quem primeiro escreveu um manual que explicitava "a arte universal de ensinar tudo a todos", estaremos nos remetendo a Jan Amos Komensky ou, em latim, **Johannis Amos Comenius** (1592-1670). Pela importância de suas obras, foi considerado o **pai da Didática moderna**. De acordo com Marin (2005, p. 18), Comenius "procurou sistematizar um conjunto de conhecimentos, alguns mantidos segundo

Comenius

a tradição, outros modificados segundo a visão do autor, a respeito da atividade de ensinar. Nascia, assim, formalmente, a Didática".

Nascido na Morávia, região da Europa Central, Comenius escreveu suas ideias originariamente em língua tcheca, mas, devido à forte repercussão positiva, seus textos foram traduzidos para o latim. A importância de Comenius para a nossa educação se deve também ao fato de que, para ele, todos devem ter acesso à escola, sejam "ricos ou pobres, dotados ou não, do sexo masculino ou feminino" (Goergen, 1992, p. 14).

Comenius foi professor durante toda a sua vida e também escreveu muito. Ele mesmo nos explica como estruturava seus livros para ensinar:

> os **fundamentos** de todas as coisas que se aconselham são tirados da própria natureza das coisas; a sua **verdade** é demonstrada com exemplos paralelos das artes mecânicas; o **curso dos estudos** é distribuído por anos, meses, dias e horas; e, enfim é indicado um **caminho** fácil e seguro de pôr estas coisas em prática com bom resultado. (Comenius, 1985, p. 43, grifo do original)

Foram muitos os livros escritos e publicados por ele, tratando dos mais variados assuntos. Além de textos sobre Educação, há um mapa da Morávia que foi impresso em Amsterdã no ano de 1627, realizado a partir do detalhamento especificado por Comenius, mas seus livros sobre Educação tinham como preocupação maior explicitar métodos de ensino. O seu trabalho considerado mais importante é *Didactica Magna*, escrito entre 1621 e 1638. Comenius faz a redação desse texto a partir de um anterior, a *Didática checa* (1932), livro utilizado nas escolas hussitas[1] da época, e que influenciou outras instituições escolares na Europa Central.

Nos textos de Comenius está a base para o trabalho docente em uma escola que não mais considerava a criança apenas como um adulto em miniatura, mas como um ser que deveria, desde cedo, ser ensinado e "preparado para a vida eterna". Kulesza (1992, p. 97-98) afirma que "o homem só pode ser bem formado se essa formação se iniciar desde a mais tenra idade".

Comenius escreveu mais de duzentos outros textos. Entre eles, destacamos *Orbis Sensualium Pictus* (1658), em que o autor explica o mundo não apenas com textos escritos, mas também por meio de figuras. Esse livro, que associa palavras, conceitos e imagens, pode ser considerado a primeira enciclopédia para crianças.

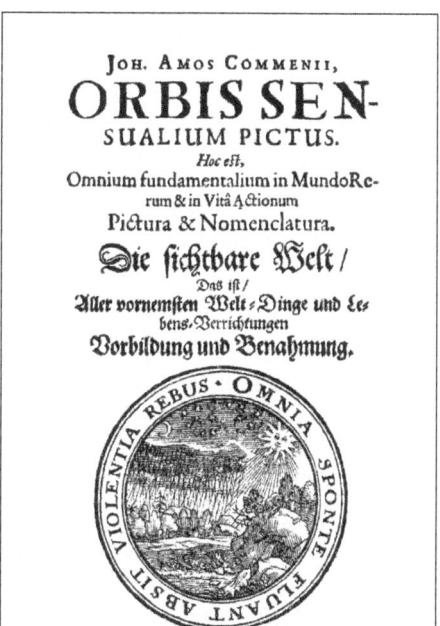

Crédito: National Museum of Slovenia

---

1 Jan Hus (Husinec, República Checa, 1369 – Constança, Alemanha, 1415) foi um pensador e reformador religioso, que iniciou um movimento religioso baseado nas ideias de John Wycliffe. Seus seguidores ficaram conhecidos como *hussitas*. Precursor do movimento protestante, a sua extensa obra escrita concedeu-lhe um importante papel na história literária checa. Condenado pela Igreja Católica no Concílio de Constança, foi queimado vivo em 6 de julho de 1415 (NetSaber Biografias, 2011).

Vivemos hoje em um mundo imagético. Só de pensar nessa associação, podemos nos remeter ao sábio entendimento deste educador do século XVII. Já naquela época se entendia a importância da imagem para a explicação das ideias, do conhecimento[2]. Poderíamos pensar, então, que o referido texto seja uma das maneiras de ensinar "tudo a todos", ao associar produção textual e imagem.

Comenius preconizava o ensino com base na observação das coisas. Ele escrevia sobre o que se deve fazer para que determinada coisa, perante os sentidos, seja "bem-vista":

1. Colocá-la diante dos olhos;
2. Não demasiado longe, mas à distância conveniente;
3. Não de lado, mas em frente aos olhos;
4. E não invertendo ou pondo de través a face da coisa, mas mantendo-a direita;
5. De modo que os olhos possam, de um só golpe, abrangê-la toda;
6. E, depois, examinar cada uma das partes separadamente;
7. Seguindo uma ordem metódica, desde o princípio até o fim;
8. Insistindo, depois, no exame de cada parte;
9. Até que todas as particularidades sejam bem distinguidas, graças à percepção das diferenças. (Kulesza, 1992, p. 137)

Para Comenius, a Educação tem como função a salvação, "concebida no seu sentido mais amplo de formação para a vida eterna", (Kulesza, 1992, p. 87). O ensinar "tudo a todos" está relacionado, sobretudo, à formação moral, ou seja, à formação religiosa da pessoa ou da criança. Para que isso possa acontecer, é necessário que se

---

[2] Essas ideias foram retomadas depois, quando da escrita e da publicação da *Encyclopédie ou Dictionnaire raisonné des sciences, des arts et des métiers*, editada na França por Denis Diderot e Jean le Rond D'Alembert, em 1772. Formada por 28 volumes, com 71.818 artigos e 2.885 ilustrações, a obra tem uma média de 25 tópicos para cada página de ilustrações (Darnton, 1996).

preparem os formadores da juventude e que eles sejam "vistos como profissionais como quaisquer outros e com dedicação exclusiva em sua atividade" (Kulesza, 1992, p. 99).

Comenius também foi o primeiro educador a refletir e a chamar a atenção para a existência de diferenças significativas entre ensino e aprendizagem. Outros teóricos da Educação, posteriormente, por se preocuparem com o ensino, passaram também a pensar sobre o que seria aprender. Podemos citar, entre tantos, Rousseau (1712-1778), Pestalozzi (1746-1827), Fröebel (1782-1852), Dewey (1859-1952), Steiner (1861-1925), Montessori (1870-1952), Vygotsky (1896-1934) e Piaget (1896-1980).

Todos eles estavam preocupados não apenas com a reflexão sobre o ensino, mas principalmente com a maneira como o aluno aprende. E, a partir das ciências que melhor conheciam – pois elas faziam parte de sua formação inicial –, escreveram sobre Educação com o olhar da psicologia, da antropologia, das ciências biológicas, da filosofia e da história da Educação.

Como resultado desses estudos e escritos, podemos constatar que a **Didática**, por estudar o fenômeno educacional ao longo dos anos, tem recebido influências de várias áreas do saber e de vários olhares que pertenceram a momentos históricos e locais geográficos diferenciados. Esses teóricos e pesquisadores contribuíram muito para que os estudos sobre os processos de ensinar e de aprender tivessem resultados positivos, no sentido de se tornarem mais adequados a uma determinada época ou lugar.

Não há como afirmar que um teórico seja mais importante que o outro. Cada um, no seu tempo e no seu espaço geográfico, deixou importantes descobertas sobre esses processos tão próximos e, ao mesmo tempo, tão distantes entre si: **há um tempo para aprender e um tempo para ensinar.** Por um lado, professores aprendem e também ensinam. Por outro, alunos aprendem e também podem ensinar.

Nesse percurso científico – e, portanto, "metodológico" –, a Didática surge como uma ciência e, como tal, tem seu lugar e seu papel bem definidos no campo das ciências da Educação.

O sujeito central no processo de ensinar (e de aprender), além dos alunos – sem os quais não teria sentido pensar em ensino –, é o professor. Portanto, a atividade didática realizada por ele é a mediação pertinente entre os alunos e o saber construído historicamente ao longo dos anos. A Didática, ao mesmo tempo, pensa o aprendizado dos alunos e também o movimento pendular do professor, que aprende e que ensina. E é responsabilidade dessa disciplina possibilitar que o trabalho realizado não apenas, mas também em sala de aula, seja adequado ao seu tempo e ao seu espaço.

O objeto de estudo da Didática pode, então, ser considerado um corpo de conhecimentos canalizados com base em diferentes perspectivas e enfoques concomitantes que temos na Educação, como o antropológico, o sociológico, o psicológico, o filosófico, o histórico e o geográfico. Dessa forma, é possível estabelecer as mais variadas e ricas relações e, se considerarmos a dimensão **sala de aula**, realizar ações que ultrapassam o momento pontual de uma prática de ensino específica. De acordo com Marin (2005, p. 28), o estudo sobre o ensino e as funções dos professores poderia perder, assim,

> a rigidez oriunda do enfoque meramente técnico, pois é evidenciado dentro de um contexto compreensivo, quando deixa de ser autossuficiente, ou ainda todo-poderoso (percebem-se as suas possibilidades e suas limitações); e, também, tal estudo ganha a riqueza oriunda de várias contribuições, organizadas através do trabalho a ser feito pela Didática, que passa a ser redimensionada.

Entre os pesquisadores que foram significativos para se pensar nessas mudanças, temos os que integram o grupo de Didática da Pontifícia Universidade Católica do Rio de Janeiro (PUC-Rio). O grupo já descreve o que seria, de acordo com Candau (1983, p. 2), esse novo olhar sobre a Didática: não apenas uma técnica ou o ensino de mecanismos que auxiliam o trabalho do professor; ou, ainda, mera apresentação de métodos diferentes que possam ser utilizados em sala de aula. Também não basta pensar no professor como alguém que "veste" um modelo a ser seguido, tampouco considerar apenas a situação sociopolítica do entorno escolar. De acordo com Candau (1983, p. 2), Didática é muito mais do que isso:

> A perspectiva fundamental da Didática assume a multidimensionalidade do processo de ensino-aprendizagem e coloca a articulação das três dimensões, técnica, humana e política, no centro configurador de sua temática. Procura partir da análise pedagógica concreta e de seus determinantes. Contextualiza a prática pedagógica e procura repensar as dimensões técnica e humana, sempre "situando-as". Analisa as diferentes metodologias explicitando seus pressupostos, o contexto em que foram geradas, a visão de homem, de sociedade, de conhecimento e de Educação que veiculam. Elabora a reflexão didática a partir da análise e reflexão sobre experiências concretas, procurando trabalhar continuamente a relação teoria-prática.

Dessa forma, pode-se pensar não apenas em uma ampliação do campo da Didática como um "caminho para se ensinar tudo a todos", sugerido inicialmente por Comenius, mas também para se assumir um compromisso com uma sociedade que forma crianças e jovens para o exercício pleno da cidadania. Nesse sentido, prossegue Candau (1983, p. 2):

> a reflexão didática parte do compromisso com a transformação social, com a busca de práticas pedagógicas que tornem o ensino de fato eficiente (não se deve ter medo da palavra) para a maioria da população. Ensaia. Analisa. Experimenta. Rompe com a prática profissional individualista. Promove o trabalho em comum de professores e especialistas. Busca as formas de aumentar a permanência das crianças na escola. Discute a questão do currículo em sua interação com uma população concreta e suas exigências, etc.

Os estudos em Educação, portanto, partem não mais apenas de práticas, nem apenas de teorias, mas de uma articulação entre teoria e prática, inserindo a Didática no contexto das ciências da Educação. Como ciência, ela pode ser assim estudada e entendida, reescrita e ampliada, contextualizada e inserida em um contexto escolar mais próximo da nossa realidade e das nossas necessidades.

Atividades de autoavaliação

1. A Didática, segundo Comenius, pode ser considerada:
   a) uma ciência da Educação.
   b) um estudo sobre a escola.
   c) um roteiro a ser seguido para ensinar e aprender.
   d) um manual de procedimentos para ensinar.

2. Comenius é considerado um pensador relevante para a Educação. Suas ideias podem ser consideradas:
   a) superadas.
   b) atuais.
   c) sem importância.
   d) obsoletas e inúteis.

3. Hoje em dia, a Didática deve ser entendida como uma relação equilibrada entre:
   a) teoria e prática.
   b) teoria e pesquisa acadêmica.
   c) prática de sala de aula e fazer docente.
   d) fazer docente e escrita acadêmica.

4. A Didática hoje requer aproximações entre estudos de diferentes áreas do conhecimento. Excluem-se desse contexto as ciências:
   a) humanas.
   b) biológicas.
   c) políticas.
   d) Não é possível excluir os saberes que "compõem" o ser humano.

5. Ensinar e aprender devem ser considerados:
   a) processos iguais.
   b) processos que não guardam relação alguma entre si.
   c) processos diferentes, mas que pertencem a uma mesma área de estudos.
   d) processos com poucas diferenças entre si.

Atividades de aprendizagem

Questões para reflexão

1. O que é ciência? Que características uma área de estudos deve ter para que possa ser considerada ciência?

2. Com base na questão anterior, elabore um quadro esquemático associando Didática e ciência. Reflita e confirme (ou não) se a Didática pode ser considerada uma ciência da Educação.

Atividade aplicada: prática

1. Pesquise sobre o livro *Didática Magna* (Comenius, 2010) e escolha um dos tópicos que estão no texto. Tomando como base o tópico escolhido, escreva um pequeno texto, com aproximadamente 10 linhas, apresentando o tema aos seus colegas. Justifique sua escolha.

Capítulo 2

Didática e metodologia

Do que trata este capítulo?

Neste capítulo, vamos apresentar **diferenças e semelhanças** entre Didática e Metodologia. Estudaremos a Didática como ciência da Educação e a sua importância para as ações docentes.

É comum encontrarmos profissionais da Educação que, ao discutir o que é Didática e o que é Metodologia, não explicitam com clareza as diferenças entre esses dois termos.

Aparentemente, é simples dizer que determinado professor tem Didática e que a metodologia de ensino empregada por ele é eficiente; e que professor que não tem didática dificulta o aprendizado de seus alunos.

Vamos refletir, então, quais são as diferenças e as semelhanças entre os termos *Metodologia* e *Didática*. Para isso, sugerimos a realização de uma rápida pesquisa:

Atividade 01

Pergunte a pessoas de seu cotidiano sobre Didática. Insista para que elas não apenas exemplifiquem quem é didático, mas que organizem um conceito sobre o que é Didática. Entreviste pessoas da área educacional e de outras áreas. Organize uma tabela com esses dados e encontre semelhanças e diferenças entre os conceitos emitidos.

Uma análise superficial dos dados obtidos, mesmo com questionamento tão objetivo e pontual, não apresentará com clareza a ideia do que seja Didática. Além disso, é muito comum, tanto entre pessoas que não são da área educacional como entre profissionais da própria área, o estereótipo de que Didática é algo que está relacionado a bons professores, boas aulas e, principalmente, ao aprendizado.

Método e **metodologia**

A palavra *método* origina-se no latim tardio *methodus*, que, por sua vez, vem do grego ΜΈΘΟΔΟΣ, μέθοδοσ. Ela é formada pelo prefixo *meta*, associado a *hodos* (ambos gregos), e significa "**via**", "**caminho**", já com o sentido de **investigação científica** (Cunha, 1997, p. 517). Portanto, consideramos que método são os passos, as etapas que devem ser seguidas para se chegar a algum lugar. Vários autores confirmam essa acepção.

Por exemplo, Alves-Mazzotti e Gewandsznajder (2002, p. 3) escrevem que método "pode ser definido como uma série de regras para tentar resolver um problema". Domingues (2003, p. 53-54) apresenta vários conceitos para a palavra *método*. Tais conceitos foram elaborados por vários autores em épocas diferentes: Ruiz, 1979; Oliveira, 1997; Marconi e Lakatos, 2000; Andrade, 2001; Ferrari, 1974. Por exemplo, este último autor escreve que "método é o procedimento racional arbitrário de como atingir determinados resultados. Emprega-se em qualquer domínio para alcançar determinado fim ou fins. (Ferrari, 1974, citado por Domingues, 2003, p. 53). Dessa forma, podemos afirmar que métodos são importantes para qualquer área do conhecimento que exija técnica, precisão e, consequentemente, planejamento. A Didática, como ciência da Educação, não pode prescindir de uma escolha metodológica, de métodos. Portanto, é fundamental entender semelhanças e diferenças entre método, Metodologia e Didática.

Se considerarmos o **método científico**, devemos ter em mente que, nas ciências naturais, ele é formado por regras que foram acordadas nas diferentes comunidades científicas, com o objetivo de refutar ou validar determinada teoria. Nesse processo de investigação, a teoria em questão poderá também ser ampliada. Para que isso possa ser feito, é necessário ter em mãos dados empíricos – baseados apenas na experiência – que possam ser repetidos inúmeras vezes e atinjam sempre os mesmos resultados.

De maneira geral, o método científico compreende algumas etapas, como a observação, a formulação de uma hipótese, a experimentação, a interpretação dos resultados e, por fim, a conclusão. Porém, alguém que se proponha a investigar algo por meio de um método científico não precisa, necessariamente, cumprir todas essas etapas. Sabemos também que não existe um tempo predeterminado para a realização de cada uma delas. Os dados obtidos devem ser mensuráveis e permitir uma análise chamada de *lógica*, que esteja de acordo com outras teorias já existentes. A **lógica** é um dos ramos da filosofia, um instrumento do pensar "certo" ou de acordo com o já consagrado saber científico. Para isso, usamos a **razão**.

Na nossa sociedade ocidental, a palavra *razão* origina-se tanto da palavra latina *ratio* quanto da palavra grega *logos*. Esses dois substantivos são derivados de dois verbos, que têm significados semelhantes tanto em latim quanto em grego. Segundo Chaui (2003, p. 62), "*lógos* vem do verbo *legein*, que quer dizer contar, reunir, juntar, calcular. *Ratio* vem do verbo *reor*, que quer dizer contar, reunir, medir, juntar, separar, calcular". Não é difícil, a partir da explicação da autora, entender que a razão esteja ligada a uma ordem, uma sequência. Com base na razão, pelo caminho da lógica, podemos entender o que é método e compreender que este deve ser rigoroso em seu percurso.

A partir do entendimento dos diferentes métodos, podemos concluir que **Metodologia** é o estudo desses diferentes "caminhos" para chegarmos aonde desejamos ir. Ela tem como objetivo estudar os métodos que são conhecidos, analisá-los com vistas à sua utilização, avaliar o que podem ou não fazer e quais as possíveis consequências – positivas ou negativas – de seu uso. *Metodologia* também é entendida como uma maneira de se estudar determinado assunto. Por isso, confunde-se com o termo *método*.

Para facilitar a compreensão desse assunto, sugerimos a realização da atividade a seguir:

Atividade 02

Localize em um mapa o seu endereço e a instituição onde você estuda. É possível fazer um único caminho para ir de sua casa até a instituição? Observe o mapa e identifique pelo menos três possibilidades de percurso. Em cada uma delas, liste os pontos positivos e negativos do trajeto escolhido. Veja, a seguir, um exemplo:

Se estou em Curitiba e quero ir do bairro Santa Felicidade para o centro da cidade, posso escolher vários caminhos. Entre eles, o que percorre a BR-277, antes Avenida Vereador Toaldo Túlio; o trajeto pela Avenida Manoel Ribas; o percurso que passa por dentro do Parque Barigui, pela Rua João Batista Dallarmi.

Figura 2.1 – Caminhos entre o bairro Santa Felicidade e o centro de Curitiba

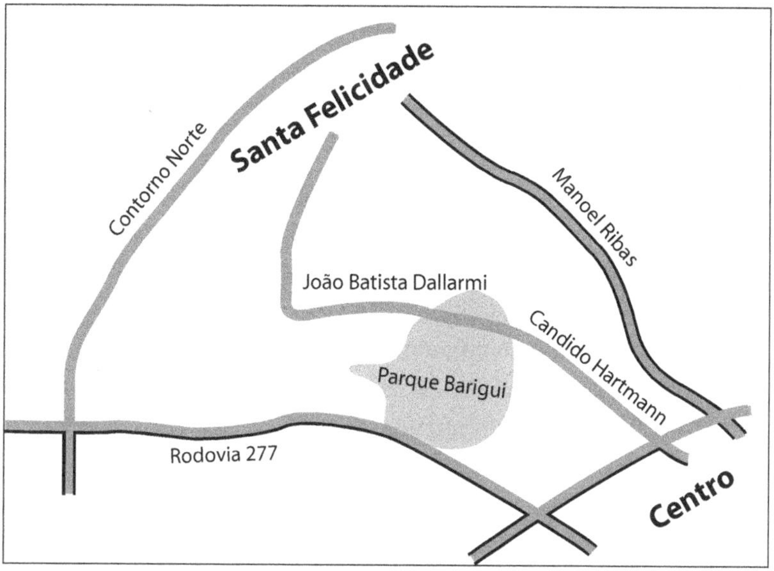

[Mapa com as vias: Contorno Norte, Santa Felicidade, Manoel Ribas, João Batista Dallarmi, Candido Hartmann, Parque Barigui, Rodovia 277, Centro]

Qual desses itinerários é o melhor? Para responder à questão, devemos pensar no que realmente queremos. Temos pressa ou não de chegar? A decisão depende ou não de o percurso ter tráfego pesado ou leve? Há trechos retos ou sinuosos? Quais os horários de saída e de chegada? Cada uma dessas respostas nos possibilita escolher caminhos – ou "métodos"– a serem seguidos. Portanto, podemos afirmar que a decisão sobre o trajeto que vamos percorrer é uma escolha metodológica.

Didática

Entender o que é Didática requer que se tenha em mente o que é método e o que é Metodologia. Quando se tem vários caminhos (métodos) para ir a algum lugar, e é necessário chegar até lá, escolhe-se, entre os conhecidos, os itinerários possíveis (metodologia). Essa escolha depende de vários fatores. Nem sempre o trajeto mais curto é o melhor, assim como nem sempre o mais rápido é o que será escolhido. E só podemos optar por um deles se tivermos conhecido e analisado as possibilidades dos outros.

É função da Didática apresentar referenciais teóricos variados, que contenham visões de mundo diferentes e que permitam escolher, conscientemente, um método. Cada professor, ao fazer suas opções, mesmo que utilize métodos semelhantes, poderá diversificar técnicas e estratégias, o que tornará único o método empregado. Ser didático é fazer essa escolha **para ensinar seus alunos de maneira adequada.**

A palavra *didática* vem da expressão grega Τεχνή διδακτική (*techné didaktiké*), que pode ser traduzida como "ciência ou arte de ensinar" (Cunha, 1997, p. 263), se incorporando ao nosso vocabulário apenas em 1844. Essa ciência, para permitir fazer escolhas metodológicas, estuda muito mais do que métodos e técnicas de ensino. Para Candau (1983, p. 12), Didática "é uma reflexão sistemática e a busca de alternativas para os problemas da prática pedagógica". Tanto a reflexão quanto a busca de alternativas estão ligadas aos diferentes momentos educacionais, às diferentes abordagens pedagógicas.

Para determinanda turma, com determinados alunos, em determinado momento, o professor faz a escolha do melhor método para ensinar. Não será sempre o mesmo, nem terá de se repetir. Cada situação é única. Por isso, é importante que o professor tenha sempre em mente quais são os princípios que norteiam a instituição na qual trabalha. As escolas, sejam elas confessionais ou laicas, têm objetivos relacionados àquilo que esperam da Educação. Mesmo o Estado brasileiro sendo laico, há objetivos a serem atingidos e percursos adequados ao trabalho. Se o professor conhecer esses objetivos, poderá fazer escolhas acertadas nos métodos a serem utilizados em suas aulas.

Partimos do conceito de Comenius (2001), que define Didática como "o ato de ensinar assim como é a arte de ensinar tudo a todos", e chegamos aos dias de hoje. A Didática, ciência da Educação, trabalha como se fosse um pêndulo: ora dá ênfase ao método que conduz o aluno no caminho de construção de um saber, de forma lógica e metódica; ora prioriza o sujeito, seduzindo-o para que ele próprio se motive a aprender. Em ambas as situações, a Didática pode ser considerada uma questão de escolhas pessoais e institucionais, de encaminhamentos metodológicos e de entendimentos dos processos educacionais.

Transmitir e socializar saberes é função da escola. Quais são esses saberes? São as ciências em si, transpostas para o universo escolar. Há o saber científico, que se aprende nos cursos de formação inicial e continuada de professores; e há o saber escolar, que é uma adequação ou adaptação da construção teórica acadêmica ao universo da escola, o que caracteriza a aproximação entre esses dois saberes. Quanto mais o professor tiver conhecimento e acesso ao saber científico e souber apresentá-lo aos seus alunos, maiores possibilidades eles terão de ampliar o seu leque de conhecimentos. Segundo Freire (2000, p. 28), uma das tarefas primordiais dos professores "é trabalhar com os educandos a rigorosidade metódica com que devem se 'aproximar' dos objetos cognoscíveis", e isso só pode ser feito com método, com Didática.

Atividades de autoavaliação

1. O método científico pode ser considerado:
   a) uma pesquisa empírica.
   b) a escrita de uma teoria.
   c) a redação de ideias que partem de atividades de observação e reflexão, criando sempre algo novo.
   d) a escrita de ideias que, com base em observação, reflexão e estudos, são aplicadas empírica e cientificamente, e podem ou não se confirmar.

2. O saber escolar e o saber científico:
   a) são nomenclaturas diferentes para os mesmos saberes.
   b) ambos partem da reflexão e da ação estruturadas cientificamente.
   c) acontecem somente nos cursos superiores.
   d) acontecem somente no ensino básico.

3. Método e metodologia, respectivamente, são:
   a) o conjunto de possibilidades metodológicas e a ação docente.
   b) o refletir e o fazer em sala de aula.
   c) um caminho a ser seguido e um conjunto de possibilidades de ação.
   d) caminhos diferenciados para o ensino e uma escolha metodológica.

4. Didática, hoje em dia, é:
   a) uma ciência da Educação.
   b) um estudo sobre a escola.
   c) um manual de procedimentos escolares.
   d) a ciência que ensina o que o professor deve fazer em sala de aula.

Atividades de aprendizagem

Questões para reflexão

1. Reflita sobre como você organiza o seu tempo para estudar.
   a) Você faz apenas leituras?
   b) Você (re)escreve as ideias mais significativas dos autores?
   c) Você faz uma síntese ou esquema do que leu?
   d) Você resume o texto?
   e) Você dialoga com o(s) autor(es)?
   f) Você prefere aulas expositivas?
   g) Como sabe você que realmente aprendeu o que estudou?

2. Partindo da questão anterior, explique o que é **método de estudo**, tendo como base a sua experiência. Associe a sua maneira de estudar a outras formas, empregadas por seus colegas. Escreva um texto de 20 linhas, explicando o seu conceito e ampliando-o para a ideia de metodologia.

Atividade aplicada: prática

1. Pesquise na internet "métodos" diversos para o ensino de Didática. Realize um levantamento de diferentes ementários de cursos a distância e presenciais. Faça uma comparação entre eles, escrevendo uma breve reflexão sobre o seu curso.

Capítulo 3

Abordagens pedagógicas

Do que trata este capítulo?

Neste capítulo, vamos conhecer um pouco sobre a periodização na história das práticas educacionais brasileiras e seus protagonistas. Poderemos compreender como as relações que se estabeleceram entre os professores, os alunos e o conhecimento interferiram nos processos educativos. Veremos, ainda, como, hoje em dia, tomando por base esses entendimentos, podemos pensar nessa relação complexa que há entre o saber, os alunos e os professores.

Vários autores, como Abbagnano e Visalberghi (1987), Manacorda (1992), Libâneo (1982), Mizukami (1986), Cortella (1998), Gadotti (2003) e Saviani (2008) escrevem sobre o percurso histórico dos variados "tipos" de escola que tivemos e das diferentes maneiras de entender os processos de ensinar e de aprender. Na história da Educação, não se pode dizer que haja ideias pedagógicas certas ou erradas: é uma questão de contexto histórico-geográfico, em que a escola pode ser entendida e vista com base em diferentes olhares. É uma questão de escolha metodológica, que foi e deve ser uma opção consciente por parte do profissional da Educação. Tal escolha resulta em percursos diferentes na organização do processo educativo na escola.

Muito provavelmente, professores em formação não têm consciência dessa escolha e a fazem com base em modelos recebidos ou vivenciados. O objetivo deste capítulo é transitar pelos diferentes teóricos nacionais que nos apresentam periodizações sobre essa fase de pouco mais de quinhentos anos após o denominado *descobrimento do Brasil*.

O Brasil teve modelos europeus de ensino. O governo português trouxe para o nosso país o que se entendia por processos educativos em Portugal, e aplicou tais ideias à nossa realidade. Sabemos que, entre o descobrimento do Brasil e meados do século XVI, houve poucos movimentos colonizadores por aqui. Somente quando os portugueses perceberam que perderiam o território conquistado se não houvesse uma efetiva "posse" da terra é que o Atlântico passou a receber caravelas que traziam gente para se instalar aqui. Eram essas embarcações que, no retorno, levavam nossas riquezas para Portugal.

Com a influência da Igreja Católica nos governos da Península Ibérica, e com a fundação da Companhia de Jesus, em 1540, os navios, tanto portugueses quando espanhóis, passaram a levar consigo a figura religiosa de um sacerdote para "acalmar" os marinheiros e, principalmente, catequizar os gentios no Mundo Novo. A esse respeito, Saviani (2008, p. 25) cita o Regimento de 1548, de Dom João III: "Porque a principal coisa que me moveu a mandar povoar as ditas terras do Brasil foi para que a gente delas se convertesse a nossa santa fé católica". O texto integral do Regimento de 1548 pode ser lido no livro *A fundação do Brasil*, obra organizada por Ribeiro e Moreira Neto (1992).

A influência dos jesuítas foi muito grande, **não apenas no Brasil**, mas em todo o mundo. Nenhuma outra ordem religiosa teve a mesma autoridade e exerceu tal nível de interferência. A partir desse período inicial, em pleno século XVI, é que se começa a pensar em ensino e em aprendizagem nas Américas, principalmente no Brasil, nos moldes de uma educação ocidental.

José Carlos Libâneo, Maria da Graça Nicoletti Mizukami e Dermeval Saviani, entre outros tantos teóricos, nos contam sobre a educação brasileira. Vejamos, de forma esquemática, como cada um desses três autores nacionais estrutura o seu pensamento.

José Carlos Libâneo (1982) divide as tendências pedagógicas da prática escolar em duas grandes correntes: liberais e progressistas. Dentro delas existem, ainda, outros desdobramentos a serem considerados.

Quadro 3.1 – José Carlos Libâneo – Tendências pedagógicas

Liberal	Tradicional	A função da escola é preparar os alunos para que desempenhem papéis sociais, de acordo com suas capacidades. Adaptação aos valores e às normas vigentes por meio do desenvolvimento da cultura.
	Renovada progressivista	
	Renovada não diretiva	
	Tecnicista	
Progressista	Libertadora	Faz uma análise crítica da realidade social e discute os objetivos sociopolíticos da Educação.
	Libertária	
	Crítico-social dos conteúdos	

Fonte: Adaptado de Libâneo, 1982.

Maria da Graça Nicoletti Mizukami (1986), por sua vez, concebe o fenômeno educativo em dois grandes grupos: tradicional e renovado. No segundo segmento há, segundo ela, quatro desdobramentos: comportamentalista, humanista, cognitivista e sociocultural.

Quadro 3.2 – Maria da Graça Nicoletti Mizukami – Abordagens pedagógicas

Tradicional	Método pedagógico jesuítico – *Ratio Studiorum*	
Renovada	Comportamentalista (ou tecnicista)	Privilegia a dimensão técnica.
	Humanista	Valoriza a relação interpessoal. Compreende a dimensão humana como o núcleo do processo de ensino-aprendizagem.
	Cognitivista (ou construtivista)	Com forte influência das ideias de Piaget, explica o fenômeno educativo como resultado de uma "construção" de saberes.
	Sociocultural	Valoriza a cultura popular, inicialmente voltada para a alfabetização de adultos.

Fonte: Adaptado de Mizukami, 1986.

Dermeval Saviani (2008), ao escrever sobre a educação brasileira, destaca os seguintes marcos históricos:

Quadro 3.3 – Dermeval Saviani – Marcos históricos da educação brasileira

1549	Chegada ao Brasil dos primeiros jesuítas, chefiados pelo Padre Manoel da Nóbrega.
1759	Expulsão dos jesuítas pelo Marquês de Pombal.
1932	Divulgação do Manifesto dos Pioneiros da Educação Nova.
1947	Elaboração do anteprojeto da Lei de Diretrizes e Bases da Educação Nacional (LDBEN).
1961	Promulgação da primeira LDBEN.
1969	Entrada em vigor da Lei nº 5.540 (reforma universitária), regulamentada pelo Decreto nº 464, de 11 de fevereiro de 1969, e aprovação do Parecer nº 252/1969, que introduziu as habilitações técnicas no curso de Pedagogia.
1980	Realização da primeira Conferência Brasileira da Educação (CBE).
1991	Realização da sexta (e última) CBE.
1996	Realização do I Congresso Nacional de Educação (Coned) e promulgação da segunda LDBEN.

Fonte: Saviani, 2008, p. 16.

Tomando como referência esses momentos importantes para a educação brasileira, Saviani constrói um mapa com quatro periodizações:

Quadro 3.4 – Dermeval Saviani – Períodos da escolarização brasileira

1º Período (1549-1759)	Monopólio da vertente religiosa da pedagogia tradicional, subdividido em duas fases: • uma pedagogia brasílica ou o "período heróico" (1549-1599); • a institucionalização da pedagogia jesuítica ou o *Ratio Studiorum* (1599-1759).
2º Período (1759-1932)	Coexistência das vertentes religiosa e leiga da pedagogia tradicional, subdividida nas seguintes fases: • a pedagogia pombalina ou as ideias pedagógicas do despotismo esclarecido (1759-1827); • desenvolvimento da pedagogia leiga: ecletismo, liberalismo e positivismo (1827-1932).
3º Período (1932-1969)	Predominância da pedagogia nova, subdividida nas seguintes fases: • equilíbrio entre a Pedagogia Tradicional e a Pedagogia Nova (1932-1947); • predomínio da influência da Pedagogia Nova (1947-1961); • crise da Pedagogia Nova e articulação da Pedagogia Tecnicista (1961-1969).

(continua)

(Quadro 3.4 – conclusão)

4º Período (1969-2001)	Configuração da concepção pedagógica produtivista, subdividida nas seguintes fases: • predomínio da Pedagogia Tecnicista, manifestações da concepção analítica de filosofia de Educação e, simultaneamente, desenvolvimento da visão crítico-reprodutivista (1969-1980); • ensaios contra-hegemônicos: pedagogias da "educação popular", pedagogias da prática, pedagogia crítico-social dos conteúdos e pedagogia histórico-crítica (1980-1991); • o neoprodutivismo e suas variantes: neoescolanovismo, neoconstrutivismo e neotecnicismo (1991-2001).

Fonte: Saviani, 2008, p. 19-20.

No texto virtual *Abordagens do processo de ensino e aprendizagem*, Roberto Vatan dos Santos (2005) faz uma comparação entre esses teóricos. Além dos três autores citados, há um quarto texto, *Estratégias de ensino-aprendizagem*, escrito por Juan Diaz Bordenave e Adair Martins Pereira (1989). Publicado pela primeira vez em 1977, o texto tem contribuído para a formação de boa parte dos profissionais da Educação desde então. O livro, que não visa à educação básica, foi escrito para o ensino superior. Didaticamente, é tão explícito que até hoje, com uma capa reformulada e poucas alterações em seu texto, continua sendo utilizado em muitos cursos de formação docente. Com um olhar tecnicista, organiza o trabalho pedagógico com base na experiência dos autores na formação inicial de professores. A leitura desse texto pode auxiliar a entender o que são abordagens pedagógicas.

Os Parâmetros Curriculares Nacionais (PCN) também entendem de maneira semelhante as diferentes "pedagogias". Dessa forma, escrevem: "as tendências pedagógicas que se firmam nas escolas brasileiras, públicas e privadas, na maioria dos casos não aparecem em forma pura, mas com características particulares, muitas vezes mesclando aspectos de mais de uma linha pedagógica" (Brasil, 1997, p. 30).

Tendo como base esses olhares teóricos, é possível pensar uma relação entre os saberes – conhecimentos que foram socialmente construídos pelos homens de uma determinada sociedade –, os professores e os alunos. Ao analisar os quadros esquemáticos deste capítulo, é possível perceber que as influências de outros setores, como o político, o econômico e o cultural, interferem nas maneiras de se olhar a instituição escola, o que também se reflete no fazer docente. Essa reflexão é necessária para que o professor entenda o que faz, como faz e o porquê faz.

Atividades de aprendizagem
Questões para reflexão

1. Reflita sobre a escola que você vivenciou. Por quais teóricos ela foi influenciada, ou em quais abordagens ela poderia ser "classificada"?

2. Como é a escola hoje? Quais são as suas tendências mais fortes?

3. Em termos de abordagens pedagógicas, como seria, para você, a escola ideal?

Atividade aplicada: prática

1. Em grupos, leiam o texto de Roberto Vatan dos Santos (2005) e façam uma análise comparativa entre os teóricos. Escolham um dos autores estudados e selecionem um conteúdo escolar dos anos iniciais da escola, por exemplo: a tabuada, a escrita de textos curtos, a divisão do ano em estações, anos, meses, dias, horas etc. Apresentem aulas sobre esse mesmo conteúdo nas várias abordagens.

Capítulo 4

Planejamento

Do que trata este capítulo?

Vimos até agora um breve histórico do ensino na escola e as diferenças conceituais e práticas entre Didática e Metodologia. Também observamos como a instituição escola se organizou e estabeleceu relações entre o conhecimento, o professor e os alunos nas diferentes abordagens pedagógicas.

Outro elemento importante das ações docentes é a organização do seu trabalho. Neste capítulo, abordaremos o que é o planejamento, com explicações sobre o planejamento educacional e escolar, o plano de ensino e o plano de aula. Apresentaremos também um "modelo" de plano, uma espécie de roteiro para quem nunca o fez. Considerando a importância do planejamento para as ações educativas, estudaremos também de que maneiras a Didática, como já foi dito várias vezes, entende o planejamento como um dos elementos constituintes da ação docente e que antecede o dia a dia escolar.

Quem não gosta de planejar? Pensar sobre as férias, sobre a formatura, sobre o casamento, sobre os filhos que virão; pensar no futuro, naquilo que está por vir. Fazer planos é intrínseco ao ser humano, é parte de sua natureza e formação. Pais pensam pelos filhos, quando estes nascem e, de maneira geral, organizam suas vidas de forma que possam suprir as necessidades dos pequenos, na tentativa construir um futuro promissor para eles. E a escola faz parte desse futuro. Independentemente de esse direcionamento ser ou não adequado, é importante que também o professor saiba como organizar o seu trabalho docente. Sem essa organização, as ações podem se tornar incipientes, repetitivas, monótonas e não conduzir a uma das funções precípuas da escola: a mediação, entre professores e alunos, dos saberes construídos historicamente pela humanidade.

A palavra *planejar* foi inserida em nosso vocabulário somente em 1881, com o sentido de um diagrama detalhado. Por sua vez, o termo *planejamento* é posterior, já do século XX (Cunha, 1997, p. 612). Em ambas, a origem é de uma palavra latina, *planus*, que significava "liso, sem dificuldades".

Planejar realmente pode significar percorrer um espaço plano, sem dificuldades. Devemos recordar que o papel onde este plano poderá ser traçado aceita qualquer coisa, e não é difícil encontrar, nas Artes Visuais, exemplos que nos mostram isso. Mauricius Cornelius Escher[1] talvez seja um dos mais conhecidos artistas cujo trabalho nos mostra que o papel pode aceitar tudo, embora nem sempre seja possível transformar o que está desenhado em um objeto tridimensional. Em suas obras, podemos "percorrer" caminhos que, na realidade, seriam impossíveis. Portanto, no plano, no papel, o olho é enganado.

Outro artista que também "brinca" com a ideia de que tudo no papel pode ser criado, ao pensar objetos que não podem ser construídos no mundo real, é Roger Penrose. Veja, na figura a seguir, a imagem do triângulo[2] criado por ele e tente reproduzi-la com uma tira de papel de cores diferentes no verso e na frente.

Figura 4.1 – Triângulo de Penrose

Fonte: Adaptado de Wofran Mathworld, 2011.

---

1   Para compreender melhor o exemplo, sugerimos que você pesquise, em uma biblioteca ou na própria internet, e conheça as obras de Mauricius Cornelius Escher.

2   "Objeto" geométrico criado por Oscar Reutersvärd, em 1934, e popularizado por Roger Penrose. Mais informações, em inglês, podem ser obtidas no *site*: <http://mathworld.wolfram.com/PenroseTriangle.html>.

Planejamento educacional

No Brasil, o Ministério da Educação – MEC, ao buscar a promoção de um ensino de qualidade, por meio da Lei de Diretrizes e Bases da Educação Nacional – LDBEN, define e regulariza o sistema educacional brasileiro. Para auxiliar no trabalho do professor, criou também os Parâmetros Curriculares Nacionais – PCN, cujos objetivos e metas estão assim explicitados:

> Nosso objetivo é auxiliá-lo na execução de seu trabalho, compartilhando seu esforço diário de fazer com que as crianças dominem os conhecimentos de que necessitam para crescerem como cidadãos plenamente reconhecidos e conscientes de seu papel em nossa sociedade. Sabemos que isto só será alcançado se oferecermos à criança brasileira, pleno acesso aos recursos culturais relevantes para a conquista de sua cidadania. Tais recursos incluem tanto os domínios do saber tradicionalmente presentes no trabalho escolar quanto as preocupações contemporâneas com o meio ambiente, com a saúde, com a sexualidade e com as questões éticas relativas à igualdade de direitos, à dignidade do ser humano e à solidariedade.
>
> Nesse sentido, o propósito do Ministério da Educação e do Desporto, ao consolidar os **Parâmetros,** é apontar metas de qualidade que ajudem o aluno a enfrentar o mundo atual como cidadão participativo, reflexivo e autônomo, conhecedor de seus direitos e deveres. (Brasil, 1998a, p. 4, grifo do original)

Mas, como saber quais caminhos trilhar, o que apresentar aos alunos, e de quais maneiras? Se a escola é o reflexo de determinada sociedade e surge para a manutenção e a perpetuação dos saberes construídos historicamente por seus sujeitos, é importante ter ciência do que se vai esperar desse sujeito quando adulto, desse cidadão que está sendo "formado" pela escola. Para que isso possa acontecer, é mister saber o que pode ser esperado dos alunos ao término da escolaridade básica, além de saber qual é essa base e quais são os conteúdos e os saberes – ou as **sabedorias**, como dizia o mestre Paulo Freire – para a elaboração dessas ideias.

> Todas as definições conceituais, bem como a estrutura organizacional dos Parâmetros Curriculares Nacionais foram pautadas nos Objetivos Gerais do Ensino Fundamental, que estabelecem as capacidades relativas aos aspectos cognitivo, afetivo, físico, ético, estético, de atuação e de inserção social, de forma a expressar a formação básica necessária para o exercício da cidadania. Essas capacidades, que os alunos devem ter adquirido ao término da escolaridade obrigatória, devem receber uma abordagem integrada em todas as áreas constituintes do ensino fundamental. A seleção adequada dos elementos da cultura — conteúdos — é que contribuirá para o desenvolvimento de tais capacidades arroladas como Objetivos Gerais do Ensino Fundamental. (Brasil, 1997, p. 70)

O MEC, por meio desses documentos, determina o que deve ser feito nas instituições de ensino, tanto no nível básico quanto no profissionalizante e no superior. É com base nesse macroplanejamento que os estados e depois os municípios, organizam seus próprios documentos, por meio de suas secretarias. Dentro de um município, podemos ter escolas públicas ou particulares, laicas ou confessionais, mas todas deverão atender à legislação em vigor. Cada instituição terá, além do que é estabelecido pelos documentos do MEC, outras diretrizes internas, que podem ser estaduais, municipais ou escolhas institucionais. E isso nos leva a um planejamento mais específico, o da escola, no qual devem ser pensadas as estruturas administrativa e educacional.

Planejamento escolar

Para organizar uma escola, não basta dispor de local físico, contar com uma equipe de profissionais, reunir alunos e ter boa vontade. Todos esses agentes devem ser organizados. É preciso preparar e pôr em ação o que foi proposto e, obviamente, planejado antecipadamente.

Arquitetos e engenheiros, tomando como referência o que a sociedade quer e o que os recursos financeiros permitem, vão desenhar um projeto no papel. Com a aprovação do projeto, será iniciada a construção. Paralelamente, serão escolhidas as pessoas que irão trabalhar no espaço construído. Ao final da obra, e após a escolha de profissionais adequados, podemos dizer que a escola estará pronta para o início das atividades. Mas, para esse real começo e a escolha concreta da força de trabalho, devemos pensar em "construir", escrever e observar o projeto político-pedagógico (PPP) que norteará o trabalho dos profissionais nas questões institucionais da escola.

Podemos perceber que há outros planejamentos inseridos no PPP, e que este se compõe com base no desdobramento de outras ações previstas por planos de ensino ou de aula. Portanto, podemos dizer que o **macroplanejamento educacional** de nosso país se **desdobra** em planejamentos estaduais, municipais e escolares, e estes, por sua vez, em planos de ensino. Ou, então, a um conjunto de planos de ensino, podemos dar o nome de *planejamento escolar*, e ao conjunto de planejamentos escolares, podemos atribuir o nome de *planejamento educacional*.

A escola como um todo deve considerar que o planejamento, como processo intelectual, "é uma atividade que a realidade exige e que, portanto, demanda pensar a totalidade em suas múltiplas relações e determinações já que a articulação entre a realidade e o que se pretende com a disciplina ou curso é fundamental para o processo pedagógico" (Melo; Urbanetz, 2008, p. 75).

Dessa maneira, ao pensarmos na escola, precisamos determinar as diferentes faixas etárias a que ela atenderá e como ela estará dividida. Também é importante saber qual será o seu público e quais expectativas da sociedade local poderão ser trabalhadas por ela.

Os PCN sugerem blocos de conteúdos ou organizações temáticas de área por ciclo para nortear, na instituição escola, as divisões e subdivisões em anos escolares, ciclos, séries e outras classificações possíveis. Isso nos leva a pensar em planos de ensino ou planos de aula.

Planos de ensino ou de aula

Todo ensino requer organização, que se dá pelo planejamento cuidadoso e meticuloso daquilo que será feito. Recordando a etimologia da palavra *plano* como algo liso (Cunha, 1997, p. 612), é possível pensar que a elaboração de um plano seja algo que não apresenta dificuldades. Mas não é bem assim. Mesmo que o suporte papel aceite a escrita, devemos considerar que nem tudo o que é proposto pode ser ou será efetivamente possível de realizar. Então, do que depende a eficácia das ações sugeridas?

Há muitas interferências entre o que se planeja, o que se faz e o que se deseja obter como resultado. Mas, organizar as atividades de sala de aula no espaço físico limitado por quatro paredes requer prudência e conhecimento.

Modelos não são necessariamente adequados em Educação, mas um esquema que seja facilitador para quem nunca "pisou" em uma sala de aula pode e deve ser mostrado. Quem não sabe como começar pode se basear em tópicos, com uma sequência a ser seguida e complementada sempre que for necessário. É importante salientar que, antes de iniciar o planejamento das aulas, é imprescindível conhecer o universo no qual se vai trabalhar. Isso quer dizer que é importante saber quem são os alunos, quais as suas características e particularidades. É fundamental também conhecer os espaços físicos que serão utilizados e o tempo de duração das aulas. De acordo com Martins (1989, p. 24), para escrever um plano de aula "recomenda-se que o professor procure obter informações acerca de seus alunos (nível de desenvolvimento, necessidades e interesses) relacionando-os com as condições e os problemas da vida contemporânea impostos pela sociedade, e considerando a natureza da matéria de ensino que irá lecionar".

Organizar as ações de sala de aula é essencial, pois evita repetições, improvisos e inconsistência na sequência dos conteúdos, além de auxiliar nos estudos e na aprendizagem. O plano de aula não pode ser considerado uma "camisa de força" a ser imposta, mas um dos possíveis caminhos a serem seguidos, permitindo, de forma saudável, mudanças, ampliações e desvios de percurso.

Vejamos um exemplo de lista de tópicos a serem organizados, de maneira sequencial, para elaborar um plano de aula ou de módulo.

1. **Data ou semana** – data aproximada ou semana de trabalho.
    1.1 - Conteúdo – saberes escolares a serem ensinados.
2. **Objetivos** – o que queremos com o ensino de tais conteúdos.
    2.1 - Geral – competências que os conteúdos deveriam desenvolver.
    2.2 - Específico – habilidades que acreditamos que os conteúdos desenvolvem.
3. **Método** – que estratégias (com base em teóricos) utilizamos para ensinar.
    3.1 - Docente – o que o professor faz como ação educativo-metodológica.
    3.2 - Discente – o que esperamos que o aluno faça, em consequência de nossa ação docente.
4. **Avaliação** – como fazemos para saber se o aluno **aprendeu** e se conseguimos **ensiná-lo**.

4.1 - Instrumentos – quais os instrumentos utilizados para avaliar: provas, trabalhos, relatórios, apresentações etc.

4.2 - Critérios – o que e como devemos considerar.

4.3 - Valoração – nota, conceito ou parecer.

5. **Recursos** – o que precisamos para que a aula aconteça.

6. **Observações** – registro de fatos e de acontecimentos durante o processo de ensino.

Essa mesma sequência, formatada como tabela, costuma ser utilizada em escolas para ajudar o professor a se organizar. De certo modo, serve também para padronizar as informações que serão disponibilizadas para a direção e para a coordenação da escola.

Quadro 4.1 – Plano de aula/ensino

Data	Conteúdo	Objetivos		Método		Avaliação			Recursos: materiais e físicos	Observações
		Geral (competências)	Específicos (habilidades)	Docente	Discente	Instrumentos	Critérios	Valoração		
1ª Semana										
2ª Semana										

Vejamos agora um exemplo de plano de aula sobre a confecção de pincéis feitos de papel crepom, para alunos de 7 anos, do 2º ano do ensino fundamental.

a) Quanto ao conteúdo e aos objetivos:

Quadro 4.2 – Conteúdos e objetivos

Conteúdo	Objetivos	
	Gerais	Específicos
Pincéis para a sala de aula – "confecção" com materiais alternativos	Desenvolver nos futuros professores a capacidade de pensar em alternativas viáveis e diferenciadas para as ações docentes	Construir um pincel com papel crepom e palito de madeira

b) Quanto ao método do professor (docente) e dos alunos (discentes):

Quadro 4.3 – Método

Docente	Discente
Pincéis: aula expositiva sobre a sua "confecção"	1. Registrar as ideias
Distribuição dos materiais	2. Preparar o material a ser usado
Modelo de como fazer	3. Recortar o papel
	4. Enrolar no palito de sorvete
	5. Colar com a fita crepe
Apresentação de como usar	6. Pintar o papel

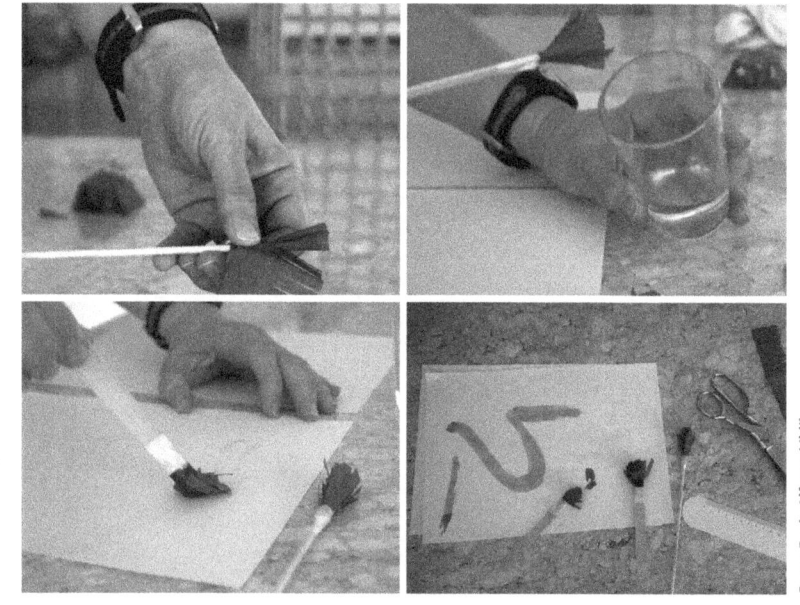

Fotos: Paulo Alfonso Liblik

c) Quanto à avaliação – instrumentos e critérios:

Quadro 4.4 – Avaliação

Instrumentos	Critérios e Valoração
Confecção do pincel	**Pontuação**
Separar e organizar o material	10 pontos
Cortar o papel	10 pontos
Montar	10 pontos
Colar com fita crepe	10 pontos
Pintar o papel	60 pontos
Total	100 pontos

d) Quanto aos recursos materiais e físicos:

Quadro 4.5 – Recursos

Materiais	Físicos
Papel crepom – roxo ou rosa-shocking (estas cores são fortes e podem ser rapidamente diluídas em água); Fita crepe; Palito de sorvete ou de churrasco; Papéis para pintar – tamanho A4, branco; Potes com água; Pano de limpeza; Tesouras.	Professor e alunos

Observações
É importante anotar se o plano de aula foi cumprido, se "deu certo". Em outra ocasião, na repetição desse plano, é possível, com base nas observações anotadas, perceber o que foi e o que não foi adequado ao tempo e ao espaço disponíveis, e também em relação ao grupo de alunos, em termos de maturidade e de desenvolvimento motor. Nem sempre a memória auxilia. Registros escritos permitem um melhor planejamento para futuras ações e repetições, além de contribuir para aprimorar o que está sendo construído nas aulas.

Atividades de autoavaliação

1. É responsável pelo planejamento educacional de nosso país:
   a) a Secretaria Municipal de Educação.
   b) a Secretaria Estadual de Educação.
   c) a Secretaria da Escola.
   d) o MEC.
   e) toda a comunidade da escola.

2. Ao elaborar um plano de ensino, a escola deve:
   a) conhecer a sociedade a que vai atender.
   b) discutir com as lideranças do grupo social o que vai ser ensinado.
   c) decidir junto com o grupo social onde a escola vai atuar os conteúdos que deverão ser ensinados, considerando exclusivamente valores locais.
   d) decidir junto com o grupo social onde a escola vai atuar os conteúdos que deverão ser ensinados, considerando os valores locais e nacionais.
   e) contemplar apenas o que o MEC determinar, já que essa é uma lei maior e deve ser cumprida.

3. Os objetivos gerais e os objetivos específicos correspondem, respectivamente, a:
   a) questões particulares e genéricas.
   b) questões generalizadas e peculiares.
   c) habilidades e competências.
   d) competências e habilidades.
   e) Não há como estabelecer uma correspondência específica.

4. Planos de aula são feitos para que as aulas:
   a) não sejam repetitivas.
   b) tenham conteúdos com certa sequência e objetividade.
   c) não sejam improvisadas e façam com que o professor se organize em seu trabalho.
   d) Todas as alternativas são corretas.

Atividades de aprendizagem

Questões para reflexão

1. Pesquise sobre o objeto "impossível" concebido por Penrose e socialize com os colegas as tentativas de entender e construir a figura.

2. Leia o PPP da escola onde você trabalha ou a qual tenha acesso e identifique a legislação que a rege. Que leis são essas: federais, estaduais ou municipais?

Atividades aplicadas: prática

1. Elabore um plano de aula. Identifique a faixa etária dos alunos, os conteúdos e o tempo necessário para as atividades, incluindo o tempo de estudo.

2. Neste capítulo, estudamos o que são e para que servem os planos de ensino. Explicite suas ideias sobre o tema, em um breve texto.

Capítulo 5

**Processos de aprendizagem:
Vygotsky e Piaget**

Do que trata este capítulo?

Discutimos até agora alguns elementos do ensino de Didática que são necessários ao trabalho docente. Nos capítulos anteriores, foram expostos um breve histórico da Educação, as semelhanças e diferenças entre Didática e Metodologia, as diversas abordagens pedagógicas e o planejamento educacional.

Este capítulo apresenta algumas ideias de Vygostky e Piaget sobre aprendizado e desenvolvimento humano. Trata do entendimento do que sejam projetos e suas semelhanças e diferenças em relação aos planos de trabalho. Para além de um projeto, o capítulo propõe a reflexão sobre propostas interdisciplinares e como pensá-las em contextos educativos.

Um teórico da maior importância para a Educação, dada a sua vasta e significativa obra, é Lev Semenovich Vygotsky (1896-1934). De seus escritos, podemos salientar duas ideias fundamentais: a primeira é a premissa de transformação na trajetória dos indivíduos; a segunda é a afirmação de que os processos de aprendizagem movimentam os processos de desenvolvimento.

Para Vygotsky, aprendizado ou aprendizagem "é o processo pelo qual o indivíduo adquire informações, habilidades, atitudes, valores, etc. a partir de seu contato com a realidade, o meio ambiente, as outras pessoas". Devemos lembrar também que, para este autor, a ideia de aprendizado "tem um significado mais abrangente, sempre envolvendo interação social" (Vygotsky, citado por Oliveira, 1993, p. 57). Para avançar no entendimento de suas ideias, devemos começar pelo conceito de zona de desenvolvimento proximal.

De acordo com a teoria de Vygotsky, o nível de desenvolvimento real da criança é o que caracteriza o seu desenvolvimento de forma retrospectiva, ou seja, refere-se às etapas já alcançadas, já conquistadas por ela. O nível de desenvolvimento potencial se refere ao que pode ser atingido e realizado por ela, ressalvando-se que a interferência de outras pessoas poderá afetar a ação individual.

A **zona de desenvolvimento proximal** em crianças seria, então, de acordo com Vygotsky, "a distância entre o nível de desenvolvimento real, que se costuma determinar através da solução independente de problemas, e o nível de desenvolvimento potencial, determinado através da solução de problemas sob a orientação de um adulto ou em colaboração com companheiros mais capazes" (Vygotsky, citado por Oliveira, 1993, p. 59).

Entre as suas ideias relevantes para a Educação, destacamos uma, que será desenvolvida adiante, ainda neste capítulo: a ideia de **projeto**. De acordo com Oliveira (1993, p. 104), "o desenvolvimento do indivíduo deve ser olhado de maneira prospectiva, isto é, para além do momento atual, com referência ao que está por acontecer em sua trajetória".

Figura 5.1 - Zona de desenvolvimento proximal

```
                    novo saber
                       ▲ ▲
                      ╱   ╲
             Professor╱     ╲Aluno
                    ╱ Zona de ╲
                   ╱desenvolvimento╲
                  ╱    proximal     ╲
                 ▼                   ▼
                 ◄───────────────────►
                     Saberes anteriores
```

Outro teórico importante para a Educação é **Jean Piaget** (1896-1980). Entre suas valiosas contribuições para a Educação, podemos salientar a premissa segundo a qual os alunos constroem o conhecimento por processos de assimilação e de acomodação de conceitos, ideias e signos. Tais processos, por sua vez, geram desequilíbrio, sendo assim necessária a adaptação à nova situação, o que propicia a equilibração.

A **assimilação** é o processo cognitivo por meio do qual a pessoa faz a integração de um novo dado perceptual, motor ou conceitual, às estruturas cognitivas que já possuía. **Não se aprende nada do nada**, é necessário partir de um arcabouço, uma estrutura onde esses novos conceitos apresentados ou descobertos possam ser organizados, sedimentados e, assim, permitam a ampliação dos horizontes tão acanhados e limitantes que apresentamos aos alunos.

Piaget

Ilustração: Marcelo Lopes

A **acomodação** pode ser vista de duas formas: ou se cria um novo esquema no qual se possa "encaixar" o novo estímulo, ou se modifica um já existente, de maneira que o novo estímulo possa ser incluído nele. Com a acomodação, a criança tenta novamente encaixar o estímulo no esquema, e então acaba ocorrendo uma assimilação desse conceito recentemente apropriado. Por isso, a acomodação não é determinada pelo objeto, e sim pela atividade do sujeito sobre este, para tentar assimilá-lo. Ao movimento pendular entre assimilação e acomodação é dado o nome de **adaptação**.

Tanto Vygotsky quanto Piaget são teóricos importantes para a compreensão do complexo processo do aprendizado. De maneira sucinta, e a partir das palavras de Oliveira (1993), em seu livro *Vygotsky: aprendizado e desenvolvimento – um processo sócio-histórico*, podemos afirmar que,

> embora haja uma diferença muito marcante no ponto de partida que definiu o empreendimento intelectual de Piaget e Vygotsky – o primeiro tentando desvendar as estruturas e mecanismos universais do funcionamento psicológico do homem e o último tomando o ser humano como essencialmente histórico e portanto sujeito às especificidades de seu contexto cultural – há diversos aspectos a respeito dos quais o pensamento desses dois autores é bastante semelhante. (Oliveira, 1993, p. 104)

A autora, na continuidade do texto (Oliveira, 1993, p.104), explica essas semelhanças entre os dois teóricos, escrevendo que ambos:

- enfatizam a necessidade de compreensão da gênese dos processos que estão sendo estudados, levando em consideração mecanismos tanto filogenéticos[1] como ontogenéticos[2];

---

1   **Filogênese ou filogenia** – história evolutiva de uma espécie ou qualquer outro taxonômico (Houaiss; Villar, 2001, p. 896).

2   **Ontogênese ou ontogenia** – desenvolvimento de um indivíduo desde a concepção até a maturidade (Houaiss; Villar, 2001, p. 1389).

- utilizam uma metodologia qualitativa em seus estudos, buscando captar mecanismos psicológicos em processo, e não por meio de resultados estáticos expressos em medidas quantitativas;
- são interacionistas e postulam a importância da relação entre indivíduo e ambiente na construção dos processos psicológicos;
- consideram que o aparecimento da capacidade de representação simbólica, evidenciada particularmente pela aquisição da linguagem, marca um salto quantitativo no processo de desenvolvimento do ser humano.

Se considerarmos que o processo educativo, sob o ponto de vista de diferentes e variados teóricos, baseia-se no ensino e na aprendizagem, podemos concluir que tal processo deve ser entendido não como uma ação passiva, mas, como, efetivamente, uma atividade engajada entre alunos e saberes, mediada – mas não necessariamente – pelo professor. Um modelo visual para essas ideias é apresentado por Jean Houssaye, da Universidade de Rouen, na França. Trata-se do Triângulo Pedagógico[3].

Figura 5.2 – Triângulo Pedagógico

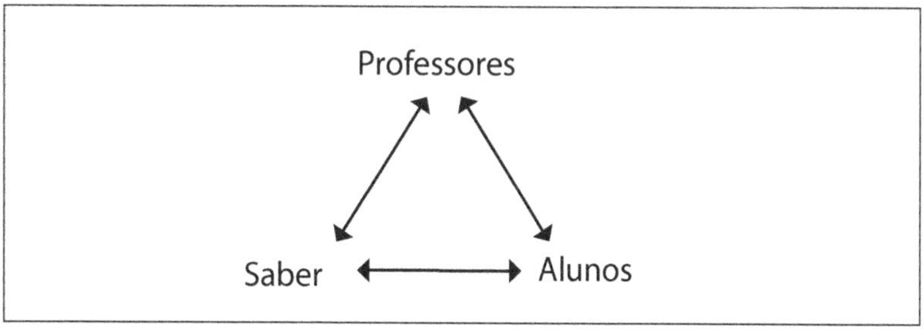

```
        Professores
         /      \
        /        \
   Saber ←——————→ Alunos
```

Relacionar professores, alunos e o conhecimento de forma integrada permite iniciar a reflexão sobre o que sejam **projetos, projetos escolares** e **projetos interdisciplinares**. Este assunto será desenvolvido nas próximas páginas.

---

3   Você pode obter mais informações sobre o Triângulo Pedagógico no texto "O lugar dos professores: terceiro excluído?", de António Nóvoa. Esse texto pode ser lido no *link*: <http://www.apm.pt/apm/revista/educ50/educ50_3.htm>.

Projetos

A palavra *projeto*, do latim *projectio, onis*, incorporou-se ao vocabulário da língua portuguesa em 1813, com o significado de "**ato ou efeito de lançar**". Nesse sentido, é um lançamento para o futuro, para o que vai além do momento presente, e com referência implícita de não determinação, de abertura. Segundo Hernández (2000),

> quando falamos de projetos, o fazemos pelo fato de imaginarmos que possam ser um meio de ajudar-nos a repensar e refazer a escola. Entre outros motivos, porque, por meio deles, estamos reorganizando a gestão do espaço, do tempo, da relação entre os docentes e os alunos, e, sobretudo porque nos permite redefinir o discurso sobre o saber escolar (aquilo que regula o que se vai ensinar e como deveremos fazê-lo). (Hernández, 2000, p. 179)

Associar projetos ao futuro, pensando na escola, é também refletir sobre o que seria a prática escolar. Projetos, porém, não são necessariamente nem planos de ensino nem métodos a serem seguidos como atividades estanques. Método, para Hernández (1998, p. 75), seria "uma maneira concreta de proceder, de aplicar o pensamento, de levar a termo uma pesquisa etc., com a finalidade de conhecer a realidade, de compreender o sentido ou o valor de determinados fatos, de interpretar corretamente os dados da experiência, de resolver um problema, uma questão". Essa explicação, porém, não conceitua nem elucida o que seja projeto.

Se projeto não é um plano e tampouco um método a ser seguido, então, o que é? Parece ser mais fácil escrever ou apresentar exemplos sobre projetos do que conceituá-los. Hernández (1998, p. 78-79) caracteriza-os assim:

a) não há uma sequência única e geral para todos os projetos;
b) o desenvolvimento de um projeto não é linear nem previsível;

c) o professor também pesquisa e aprende;
d) não pode ser repetido;
e) choca-se com a ideia de que se deve ensinar em ordem crescente, do mais fácil ao mais difícil;
f) questiona a ideia de que se deva começar pelo mais próximo (a moradia, o bairro, as festas etc.);
g) questiona a ideia de que se deva ir "pouco a pouco para não criar lacunas nos conteúdos";
h) questiona a ideia de que se deva ensinar das partes ao todo, e que, com o tempo, "o aluno estabelecerá relações".

Ao refletir sobre os projetos que ouvimos e vemos nas escolas, podemos perceber que, com base na da etimologia e nas ideias de Hernández (2000), estes, em sua maioria, não são verdadeiros projetos, e sim ações realizadas a partir de determinados planos. Tais planos, por sua vez, tiveram origem na escola, nos professores, nas coordenações das escolas e até nas secretarias municipais ou estaduais de ensino. Eles se configuram como planos de trabalho e não projetos, considerando sua linearidade, previsibilidade e terminalidade, determinadas já no início dos trabalhos. Sem nenhum demérito ao trabalho realizado, mas não **podem ser denominados projetos**, e sim planos.

Mas por que os projetos são importantes para a Educação?

Para aprofundar esse assunto, lançaremos mão de uma experiência pessoal, recordando o percurso formativo desta autora.

> Lembro-me de uma aula que me marcou muito. Discutia-se nela o que eram projetos e como podiam ser levados para uma sala de aula. Essa conversa surgiu a partir de um olhar sobre o que era Educação, assim mesmo, com "E" maiúsculo. Nosso professor nos sugeria que a Educação pautava-se entre o passado e o futuro, sendo que o presente era realmente uma incógnita. Passado que gerava nos professores alguma certeza, pois estava sustentado

por valores pessoais, familiares e, de certo modo, sociais. Presente que exigia reflexão e ações, mas sem saber realmente se a partir dessas posições haveria resultados adequados ao que se espera da instituição escola. E um futuro que, para se realizar, deveria estar sustentado por projetos, que não eram planos de trabalho nem muito menos métodos a serem seguidos.

Na época, isso me pareceu confuso e desencorajador. Hoje entendo o que Machado (2000) queria dizer. A nossa escola está evidentemente em crise, mas isso acontece porque a nossa sociedade vive uma crise de valores. Ainda segundo Machado (1997, p. 70), "crise na educação significa sempre ausência ou transformação radical nos valores, ausência ou transformação radical nos projetos, tanto individuais quanto coletivos". Creio que isso, de certa forma, explique a crise que estamos vivendo na instituição escola. Mas, então, como tornar possível a realização de projetos no ambiente escolar?

Para entender o que sejam projetos e também projetos escolares, é necessário agrupar várias ideias. Sabemos que, por um lado, um projeto tem, implicitamente, as ideias de futuro e de não determinação, de abertura. Por outro, contempla as relações possíveis entre professor, aluno e conhecimento e a elaboração de novos saberes. Como isso é possível?

Se o plano de aula determinado pelo professor não tiver as características de um projeto, não terá **abertura** e nem **futuro**; será apenas a reprodução do que ele, professor, determinou em um plano de aula. No triângulo de Houssaye, valorizar o professor e o saber implica em "deixar de lado" o aluno. Se pensarmos em projetos, porém, professor e alunos transitam "dentro" do triângulo, possibilitando a construção de novos saberes e de aprendizado.

A função da aprendizagem estará vinculada à compreensão de situações vividas ou a serem vivenciadas. Será uma construção conjunta de conhecimento, mas não necessariamente na direção que o professor desejou no início de seu trabalho. O caminho para se chegar ao objetivo não será linear, único ou previsível. Professor e aluno aprendendo juntos, sem hierarquizar os conteúdos e estabelecendo relação das mais profícuas. Essas ideias emergem de forma indireta das teorias de Vygotsky e Piaget.

Vygotsky escreve sobre a **zona de desenvolvimento proximal**, "espaço/local" onde se desenvolve o aprendizado, Piaget escreve sobre **o movimento pendular** de assimilação e acomodação de saberes que produz no sujeito a **equilibração**. Não esqueçamos que projetar, pensar em elaborar projetos, requer leituras e conhecimentos das diferentes abordagens teóricas educacionais.

Professores que querem efetivamente implementar projetos em suas aulas devem apresentar à coordenação da escola uma intenção de trabalho. Retomamos a ideia de que modelos não são exatamente o que há de melhor na formação de profissionais da Educação, mas são importantes para nortear seus rumos. Considerando que não haja linearidade, previsibilidade ou necessidade de repetir o que está proposto, um "modelo" para esse documento poderia ser da seguinte forma:

Quadro 5.1 – Projetos: como organizar e como apresentar para a coordenação da escola

Título
Tema
Participantes
Professores responsáveis
Datas (para início, percurso e culminância do trabalho)
Horário
Local
Objetivos gerais (competências)
Objetivos específicos (habilidades)
Justificativa (incluir um pequeno referencial técnico)
Metodologia ("como" fazer + recursos humanos + recursos materiais + ...)
Cronograma do trabalho (escolha ou sorteio do tema, pesquisa e organização, elaboração, apresentação)
Avaliação (estabelecimento de critérios para a avaliação do processo)

Vejamos cada um desses tópicos, tomando como base um exemplo real:

1. O título deve ser "apaixonante", pois somente assim o leitor terá vontade de continuar a leitura. Um bom texto começa pelo título e cria vínculos de curiosidade. O que poderia significar, por exemplo, um projeto com o título *Literatura para a terceira idade*?

2. O tema traduz de forma aproximada o que provavelmente será o conteúdo ou saber escolar a ser trabalhado no início. No caso do exemplo anterior, tópicos como "Literatura" ou "Pessoas de mais idade" poderiam ser associados ao título do projeto.

3. Os participantes são todos os que deverão fazer parte do projeto. Como se sabe que há "abertura" nessa elaboração, não há certeza de quantos participantes realmente vão integrar o grupo. Como exemplo, poderíamos dizer que, a princípio, seriam todos os alunos de determinado ano do ensino fundamental, vespertino, com os professores de duas ou mais disciplinas escolares.

4. O professor responsável será quem realmente vai "conduzir" o processo desde o início. Não necessariamente terá de seguir o que foi planejado, mas será ele quem responderá diante da coordenação da escola e dos pais por qualquer eventualidade.

5. A data prevê o início do projeto, o percurso aproximado e a sua culminância. Atente para o fato de que não há uma data final para projetos. Eles não são "feitos" para terminar, mas se pretende que, com eles, haja uma mudança de perspectivas para o futuro.

   Um bom exemplo para explicar a não terminalidade foi o da escola que organizou o projeto citado anteriormente, denominado *Literatura para a terceira idade*. O título não era tão apaixonante assim, mas o projeto foi amplamente aprovado pelos alunos de 7ª série do ensino fundamental, que hoje corresponde ao 8º ano. O trabalho do professor e dos alunos foi iniciado na biblioteca, com a escolha de textos de literatura brasileira escritos no início e em meados do século XX. Esses livros foram lidos pelos alunos e comentados em sala de aula. Foi lá que surgiu a ideia de se fazer um projeto com esses textos. Os professores de Língua Portuguesa e de Matemática haviam percebido algo que acontecia fora da sala de aula: o descaso dos alunos com os seus avôs, avós e com outras pessoas de mais idade. Não era falta de respeito, mas essas pessoas eram tratadas como se, mesmo existindo, não fizessem parte da família de cada um dos alunos.

Os professores pensaram, então, em organizar visitas a um asilo próximo à escola, durante um bimestre. Foi escolhido o dia – sexta-feira –, no contraturno das aulas, e lançado o projeto em sala de aula. Como professores motivados levam os alunos a se motivarem e alunos motivados colocam o projeto em andamento, a escola aprovou e, então, foi organizado o trabalho. Os alunos foram divididos em grupos, que ficaram responsáveis pela escolha de um texto curto a ser lido no asilo. Foi montada uma "escala" de atividades e o trabalho foi iniciado.

Durante o terceiro bimestre do ano letivo, todas as sextas-feiras, um dos professores acompanhava um grupo até o asilo, para a realização da atividade. O retorno do trabalho era aguardado com ansiedade pelos alunos, no início da semana seguinte. Os estudantes estavam empolgados com o trabalho, e os idosos emocionados com tanta atenção e carinho. Um dos alunos tocava violão e, então, em grupo, foi decidido que, na última sexta-feira do bimestre, eles fariam uma festa no asilo, com direito a música, poesia e "comida". Foi uma festa só! Modinhas, cantoria, comidas salgadas, poucos doces e despedidas festivas.

Para os professores, o projeto terminaria naquela data e seria lançada uma nota correspondente ao trabalho para cada aluno que havia participado. Mas o objetivo não era "dar uma nota", e sim sugerir uma mudança de comportamento, que não pode ser "avaliada". Qual era o verdadeiro objetivo do trabalho? Qual era a competência a ser desenvolvida? Que os alunos passassem a apreciar e a respeitar mais a companhia dos avôs em casa.

Foi grande a surpresa dos professores quando, no quarto bimestre letivo, alguns alunos continuaram frequentando o asilo e compartilhando alegrias e sucessos com quem estava, de certo modo, deixado de lado pelos familiares. Este é um exemplo de um projeto que não possui terminalidade, e sim culminância. A festa foi o "final" do projeto, a culminância de um processo. Mas não há como saber, no espaço-tempo da escola, se houve ou não a mudança comportamental.

6. O horário descrito no projeto é o número de horas-aula que se prevê para dar andamento ao trabalho. Por exemplo, uma hora-aula em cada disciplina por semana durante o bimestre.

7. O local é o espaço físico onde as atividades irão ocorrer. No referido caso, começava na sala de aula e na biblioteca; depois, continuava no asilo.

8. Como objetivo geral, foi desenvolvida a **competência** de expressão em diferentes linguagens, e também a de capacitar alunos a projetarem ações a médio e longo prazo.

9. Os objetivos específicos eram variados. Foram desenvolvidas **habilidades** de leitura, escrita (relatos das visitas) e organização do tempo (eram duas horas por tarde, mais duas horas-aula de Língua Portuguesa e de Matemática da grade curricular). Além disso, os alunos realizaram pesquisas de músicas e de roupas de época – que vestiram no dia da festa –, e também a preparação do lanche festivo.

10. Uma justificativa sempre é necessária para que a escola concorde com o projeto. Um referencial teórico, de certa forma, fundamenta e "garante" a sua aprovação. Poucos autores foram utilizados na justificativa sobre a importância da leitura e da pesquisa. O texto, extremamente pontual, preciso e claro, não deu margens para que a coordenação da escola não aprovasse o projeto.

11. Uma escolha metodológica foi sugerida. Depois, foi sendo alterada, com o passar das semanas. Por exemplo, a festa não estava prevista no projeto original e surgiu a partir do desejo dos alunos. Música e "comes e bebes" também não faziam parte do projeto original, mas acabaram sendo incluídos.

12. Um cronograma do trabalho é necessário. Mas, como em todo projeto, não será necessariamente o que vai acontecer, apenas indica um panorama do que foi proposto.

13. A avaliação é outro ponto importante. Estava prevista a escrita de um relatório final, por parte dos professores responsáveis, com inserções da fala e da ação dos alunos. Fotos foram feitas para a elaboração de cartazes, que foram espalhados pelos corredores da escola, como mais uma maneira de "conquistar" alunos para outros projetos. "Notas" foram dadas pela pesquisa, pela escolha e pela leitura dos textos e também pela produção dos cartazes. A valorização do idoso não estava incluída no final do trabalho, mas como poderia ser avaliada?

A realização de um projeto foi demonstrada com esse exemplo, que realmente aconteceu. Acreditamos que ele possa auxiliar no entendimento da elaboração de um projeto escolar.

Projetos interdisciplinares

As características de um projeto vão ao encontro de posturas interdisciplinares. Modismos à parte, já que hoje é comum vermos a palavra ***interdisciplinaridade*** em planos de trabalho e pseudoprojetos, algumas dessas ideias nos conduzem ao início do que se acreditava que fosse a interdisciplinaridade. Fala-se em associação de conteúdos, aproximações entre saberes que têm raízes epistemológicas semelhantes, sem "construções" novas para aquele grupo, naquela determinada situação. Como organização do trabalho escolar, a interdisciplinaridade tem trazido resultados pífios.

O primeiro texto publicado no Brasil sobre o assunto é de Hilton Japiassu, *Interdisciplinaridade e patologia do saber*, de 1976. Nele, o autor, recém-chegado de seu doutoramento na França, constata a fragmentação do conhecimento e das ciências e faz uma separação entre o que seria a ciência moderna e as atividades de pesquisa e de ensino. Em função da fragmentação, é criada a figura do especialista, com o olhar focado apenas em um ponto, em uma parcela mínima de um determinado saber, sem nenhuma conexão com as inúmeras analogias que ele permitiria. De acordo com ele, "a característica central da interdisciplinaridade consiste no fato de que ela incorpora os resultados de várias disciplinas, tomando-lhes de empréstimo esquemas conceituais de análise a fim de fazê-los integrar, depois de havê-los comparado e julgado" (Japiassu, 1976, p. 32).

Weil, D'Ambrósio e Crema (1993, p. 15) também escrevem sobre a fragmentação do conhecimento, afirmando que essa crise "começa por uma ilusão, por uma miragem, que é a separação entre sujeito e objeto". Weil identifica ainda cinco grandes fases no processo de aquisição do conhecimento:

1. Fase predisciplinar.
2. Fase da fragmentação multi e pluridisciplinar.
3. Fase interdisciplinar.
4. Fase transdisciplinar.
5. Fase holística.

Não vem ao caso explicitar cada uma das fases ou citar outros autores que ampliam essas "disciplinaridades", tais como a intradisciplinaridade e a cross-disciplinaridade – ou disciplinaridade cruzada –, os quais poderão dificultar, neste momento, o entendimento do que seja um projeto interdisciplinar.

Muitas das ideias originariamente escritas por Japiassu foram retomadas por outro estudiosos, como Ivani Fazenda, professora doutora da Pontifícia Universidade Católica de São Paulo – PUC/SP, e atualmente considerada referência no assunto. Fazenda (1993), como organizadora de textos produzidos por alunos de um curso sobre a fundamentação conceitual de interdisciplinaridade, denomina de "Interdisciplinaridade: definição, projeto, pesquisa" o primeiro capítulo do seu livro *Práticas interdisciplinares na escola*. Nele são retomadas e ampliadas as ideias de Japiassu.

De acordo com Fazenda (1993), o pensar interdisciplinar é uma tentativa de "diálogo com outras formas de conhecimento, deixando-se interpenetrar por elas". Possui a marca da insegurança e "não se ensina, nem se aprende, vive-se, exerce-se" (Fazenda, 1993, p. 17). São atitudes interdisciplinares, posturas ante o saber, que transformam essa insegurança "num exercício do pensar, num construir", passando "da subjetividade para a intersubjetividade" (Fazenda, 1993, p. 18).

Portanto, pensar que a interdisciplinaridade seja somente um substantivo não é adequado. Não se "faz" interdisciplinaridade. São características, qualidades que podem ou não estar presentes em ações escolares. E então, a partir de uma reflexão epistemológica, poderíamos ter posturas interdisciplinares: pensar e realizar projetos de forma interdisciplinar.

Projetos assim concebidos devem atender também ao que escreve Hernández (2000), como vimos anteriormente. E mais: devem, ainda, incorporar as ideias sobre interdisciplinaridade. Nesses casos, não bastaria que se percebessem analogias e aproximações, mas deveria existir a intenção de produzir novos saberes, novas constatações sobre o que já se sabe.

Um exemplo de postura interdisciplinar seria o que Ferreira (1993, p. 33-35) relata em outro capítulo do livro já citado, organizado por Fazenda (1993). Neste capítulo, Ferreira observa que uma orquestra é formada por instrumentos que possuem sons diferentes. Cada um deles seria como uma disciplina que, sozinha, se constrói e se apresenta. A nossa escola é considerada multidisciplinar por ter, em seu currículo, disciplinas trabalhadas em paralelo – multidisciplinarmente –, e não associadas. Se os instrumentos da orquestra tocam em separado, são como disciplinas apresentadas isoladamente aos ouvintes. No momento da execução de uma música, o que ouvimos é um "produto" interdisciplinar, e não um conjunto de instrumentos que se apresenta.

É difícil ouvir cada um deles isoladamente, é como se os "horizontes" desses sons se misturassem, amalgamando-se melodicamente. Realizar um projeto interdisciplinar na escola é "tocar" essa melodia. Difícil de entender e de pensar, mais difícil ainda de realizar.

Outro bom exemplo é quando pensamos em filhos. Como eles são gerados? É a partir de um óvulo fecundo e de um espermatozóide vencedor que uma nova vida surge. A criança que vai nascer terá características do pai e da mãe, mas será única, diferente de quem a gerou. É um processo interdisciplinar: a partir de aproximações e semelhanças, produz-se algo novo. Repetimos a frase do parágrafo anterior: processo difícil de entender e de pensar, mais difícil ainda de realizar.

Crédito: Photos to Go

Sobre a realização de projetos – mais especificamente de projetos interdisciplinares –, sabemos que isso requer muito estudo e muito diálogo entre professores, alunos e saberes. Requer, ainda, muita paciência e humildade, além de um olhar peculiar: o da **curiosidade** e da **pesquisa**.

E o projeto relatado como exemplo, foi interdisciplinar? Eis uma boa questão. No princípio, a leitura de textos de determinada época era um plano do professor de Língua Portuguesa. O professor de Matemática aderiu ao projeto por querer também que seus alunos lessem textos matemáticos, mas que não fossem apenas os manuais e os livros didáticos, e sim literatura matemática.

Nesse projeto, os professores tinham ideias na cabeça e os alunos estavam motivados. Com o envolvimento, o saber não podia mais se restringir a textos escritos em livros, e foram necessárias pesquisas para que fosse possível entender um pouco melhor o universo daquela gente que morava no asilo: tempo físico e espaço geográfico; comparações entre roupas, músicas, danças de ontem e de hoje. Dessa forma, os alunos puderam compreender que a velocidade com que as coisas acontecem em nossos dias não é compatível com a dos idosos. O tempo parece que "passa" mais lento para eles do que para os estudantes; a alegria de estarem vivos tem outra dimensão. O afeto e o carinho dos alunos e dos netos é valorizado, tanto pelos idosos quanto – e principalmente – pelas crianças.

A organização da festa foi o momento culminante. Mas o que foi produzido antes, durante e depois não estava totalmente previsto. Os cartazes – com seus textos, fotos e montagem visual – ampliaram o universo dos alunos e toda a escola vivenciou momentos de pura alegria. Ter uma postura interdisciplinar é isso: transitar entre áreas diferentes do saber, encontrar analogias, semelhanças e ampliar um olhar que é, na escola e na vida, limitado a um horizonte acanhado em cada disciplina. Um projeto pode ou não "dar certo". Não há como ter certeza de seu sucesso.

Atividades de autoavaliação

1. Projetos são atividades realizadas na escola com as seguintes características:
   a) Têm começo, meio e fim.
   b) Seus objetivos sempre são atingidos.
   c) Não é necessário escrever um relatório ao final das atividades.
   d) São pensados para um futuro que é incerto.

2. Ao organizar um projeto, precisamos ter em mente que:
   a) ele deve ser bem escrito para ser seguido à risca.
   b) não é permitido mudar o foco dos objetivos.
   c) ele deve, obrigatoriamente, agrupar muitas disciplinas.
   d) ele pode ser pensado em conjunto, por professores de diversas áreas do saber.

3. Para que um projeto possa ser considerado interdisciplinar, deve ter as seguintes características:
   a) Ser fechado em sua própria ciência.
   b) Ser obrigatoriamente realizado a partir da solicitação da coordenação da escola, associando todas as disciplinas.
   c) Estar aberto a questões que forem surgindo durante o trabalho.
   d) Estar aberto apenas aos alunos e professores da escola.

4. Hoje em dia, em nossas escolas, é possível:
   a) realizar com facilidade projetos interdisciplinares.
   b) realizar, mesmo com as dificuldades do cotidiano escolar, projetos interdisciplinares.
   c) realizar sozinhos, em sala de aula, projetos que têm características interdisciplinares.
   d) realizar projetos, considerando que todos serão interdisciplinares.

Atividades de aprendizagem

Questões para reflexão

1. Há uma diferença significativa entre **planos** e **projetos**. Se o professor organiza ações para a sua sala de aula e faz com que os alunos as realizem, isso pode ser considerado um plano ou um projeto? Justifique sua resposta em um texto de aproximadamente 20 linhas.

2. Com o objetivo de conhecer mais, pesquise as diferenças conceituais entre **multi**, **pluri**, *cross*, **intra**, **inter** e **transdiciplinaridade**.

Atividade aplicada: prática

1. Elabore um projeto interdisciplinar associando, pelo menos, duas áreas do conhecimento, para alunos do 5º ano do ensino fundamental. Não esqueça: não bastam as aproximações e analogias, é necessário pensar no "ir além"; esperar o inesperado.

Capítulo 6

Avaliação: o que quer dizer *avaliar*?

Do que trata este capítulo?

Considerando que o profissional da Educação, em seu dia a dia, estará sempre percorrendo o caminho de planejar, agir e avaliar, podemos dizer que a avaliação é um dos elementos constitutivos da ação didática. Este capítulo trata desse "final" de processo: a avaliação. Serão estudados, portanto, instrumentos e critérios avaliativos, sempre de maneira processual e contínua.

Avaliar é um ato tão complexo quanto a própria vida. Estamos sempre sendo avaliados pelo grupo no qual estamos inseridos e por nós mesmos. Várias são as situações do cotidiano nas quais nos deparamos com "comparações" e decisões que são tomadas a partir de confrontos. É melhor ir para a universidade de ônibus ou de carro? Qual será o combustível mais econômico: a gasolina ou o álcool? Visto uma roupa clara ou escura? Agasalho de lã ou blusa leve? Preparo para o almoço duas ou três xícaras de arroz?

Nos momentos aparentemente mais insignificantes do nosso dia a dia, para que possamos decidir qual alternativa escolher, há uma pausa em que avaliamos o que é melhor naquele momento, naquela situação. Avaliar é atribuir valor. Valorar alguma "coisa" em função de outra. Não se faz avaliação sem comparação. Não se valoriza algo se não há com o que comparar. Devemos lembrar, porém, que essas escolhas, que são decisões subjetivas, não serão necessariamente iguais ou as mesmas para todos.

E isso se reflete na Educação. Por uma questão histórica, de diferentes olhares sobre a escola, há diversificadas maneiras de se entender o processo avaliativo. Dependendo da época, do local e das pessoas envolvidas, avaliar tem significados e ações diferenciados para objetivos específicos. Os instrumentos utilizados em cada momento para avaliar podem ser variados, assim como os critérios. De extremos, de "saltos" entre essas ações, constituímos percursos únicos para avaliar.

Em cada época, cada grupo social produz seus saberes historicamente e determina a escola que deseja ter. A instituição escola é um espaço que tem como objetivo a reprodução desses saberes para a manutenção e a perpetuação do grupo social. Os instrumentos e os critérios utilizados para avaliar a apropriação desses saberes, mesmo que alguns sejam "padrões", terão diferentes proposições, de acordo com o momento, com os responsáveis pela avaliação, enfim, com um tempo e um espaço únicos.

O que hoje consideramos avaliação, na segunda metade do século XX era também chamado de *verificação*. Segundo Nérici (1969, p. 439), "a verificação da aprendizagem é a parte final do processo de ensino, iniciado com o planejamento do curso", e é por meio dela que "se chega à conclusão sobre a utilidade ou não dos esforços despendidos, pelo professor e aluno, nos trabalhos escolares" (Nérici, 1969, p. 439).

Pensar assim não é muito diferente do que acreditamos hoje em dia. Mas, se continuarmos a leitura do texto citado, observaremos que a verificação busca a possibilidade de oferecer "reorientação e recuperação dos alunos que foram se atrasando nos estudos" e que "deveria se fazer a verificação comparando o comportamento total do aluno nos primeiros dias de aula com o apresentado no fim do ano letivo" (Nérici, 1969, p. 439). Perceberemos, então, o quanto essas ideias estão em desacordo com o que consideramos adequado hoje em dia.

Os tempos são diferentes; os locais, os mais variados. Nosso país possui extensão continental, e, mesmo assim, ainda acreditamos que devemos "padronizar" modelos. Efetivamente, sabemos que isso não é possível. Considerando que a escola brasileira tem pouco mais de quinhentos anos de história, voltemos às classificações desse período para entender melhor o processo de avaliar.

De acordo com a classificação das abordagens pedagógicas de Mizukami (1986), vistas nos capítulos anteriores, apresentamos um quadro comparativo entre algumas características da avaliação, com foco em objetivos, instrumentos e critérios utilizados.

Quadro 6.1 – Abordagens de avaliação e suas características

Abordagens	Tradicional	Renovadas			
		Comportamentalismo	Humanismo	Cognitivismo	Sociocultural
Objetivos da avaliação	Reprodução do patrimônio cultural apresentado ou ensinado em sala de aula.	Reprodução exata do que foi ensinado.	Se o ensino é centrado no aluno, mesmo que seja "uma atividade sem importância enormemente supervalorizada" (Rogers, citado por Mizukami, 1986, p. 53), a avaliação tem essa mesma característica, ou seja, sem importância.	Aprendizagem de saberes de forma qualitativa.	Valorização do acervo cultural local.
Método	Apresentação dos saberes, repetição, discussão ou debate entre alunos e professor, para consolidação do conhecimento.	Repetição, passos a serem seguidos em etapas predeterminadas com base em esquemas ou técnicas.	Livre expressão, curiosidade individual. Valoriza-se o processo em detrimento de resultados. Crítica à transmissão de conteúdos, mas não a supressão de informações.	"Construção" e reconstrução de saberes.	Saberes ensinados com base em interesses do grupo; socialização do que já se sabe.

(continua)

(Quadro 6.1 – conclusão)

Abordagens	Tradicional	Renovadas			
		Comportamentalismo	Humanismo	Cognitivismo	Sociocultural
Instrumentos avaliativos	Provas orais e escritas; exames; exercícios.	Reprodução e cópia de modelos. "Objetos" observáveis e mensuráveis.	Autoavaliação.	Provas orais e escritas; trabalhos em grupo; pesquisas.	Trabalhos em grupo, atividades culturais pontuais, isoladas de um contexto mais amplo.
Critérios avaliativos	A partir das semelhanças, ou não, com os modelos apresentados e sua ampliação.	Quanto mais fiel a cópia, melhores notas são dadas aos alunos.	Como está relacionado autoavaliação, o próprio aluno determina os critérios.	Ênfase nos processos individuais e coletivos, associados a resultados.	Autoavaliação e avaliações nos moldes tradicionais.
Momento em que acontece este processo	Ao final do período letivo. As notas são reflexos da aquisição do patrimônio cultural.	Ao final do período letivo. Suas ações são baseadas em reforços, tanto positivos quanto negativos, para conferir se os "comportamentos" foram adquiridos pelos alunos.	Quando acontece, é no final do processo.	Durante todo o processo educativo, incluindo o final.	Durante o período letivo e a vida.

Fonte: Adaptado de Mizukami, 1986.

Outro grande problema surge quando pensamos em avaliação. Se considerarmos as amplas dimensões desse processo, há três grandes áreas ou dimensões para o seu entendimento: a política, a técnica e a epistemológica (Machado, 2000).

A **dimensão política** corresponde a entender e a saber quem decide e quem é responsável pela avaliação educacional em seu sentido global, ou seja, em âmbito nacional, estadual, municipal e institucional. Quais são as questões políticas que determinam os instrumentos e, principalmente, os critérios com que estes serão corrigidos, com suas implicações nas vidas dos alunos, de suas famílias e da sociedade como um todo?

A **dimensão técnica** trata do "pensar" sobre a maneira adequada de elaborar instrumentos avaliativos e a determinação dos critérios técnicos que devem ser considerados para a correção de tais instrumentos. Diferentes grupos de alunos geram instrumentos e critérios avaliativos diferentes. Em um período em que a escola foi considerada comportamentalista, essas questões tiveram importância exacerbada, mas também estiveram – e devem estar – presentes em outros momentos.

É importante refletirmos sobre como elaborar um instrumento avaliativo e pensarmos a respeito dos critérios com os quais esse instrumento será corrigido. Quem deve elaborar e corrigir? Geralmente, o professor que ministra a disciplina. Mas existem outros entendimentos. Em escolas com grande número de alunos que cursam e de professores que ministram uma mesma disciplina durante o mesmo ano, é comum observar, nos encontros pedagógicos, grupos de profissionais que trabalham para elaborar as provas e os trabalhos e determinar como será feita a correção. Considerando a importância da ação educativa, adequar o ensino – incluindo o processo **planejar-agir-avaliar** – ao que o momento requer é ação das mais complexas. Sem entender as questões que estão implícitas nesse ato, dificilmente se conseguem resultados significativos em termos de aprendizagem.

Talvez a **dimensão epistemológica** seja a mais complexa de se pensar. E isso envolve as outras duas dimensões anteriormente citadas.

Tanto a política quanto a técnica têm em sua base o entendimento sobre o que consideramos *conhecimento*.

Conhecer, do latim *cognoscere*, significa "ter noção, informação, saber". De acordo com Houaiss e Villar (2001, p. 802), conhecimento é "o ato ou o efeito de conhecer", sendo que conhecer é também "perceber e incorporar à memória (algo); ficar sabendo, adquirir informações sobre (algo); ver", e mais outras 23 acepções possíveis! Mesmo com tantos entendimentos, pensar sobre o conhecimento implica refletir sobre os processos de construções de significados; significar, representar por meio de signos, sinais, símbolos ou marcas. Segundo ainda a etimologia, temos também *ensinar*, que significa, em uma primeira interpretação, "transmitir conhecimento". Outro significado para o verbo *ensinar* pode ser marcar com um símbolo ou sinal.

Há dois olhares que podem nos ajudar a entender a dimensão epistemológica. Um deles é pela via das **metáforas**. O outro, pela visualização de uma estrutura, em forma de pirâmide, associando palavras, tais como dados, informações, conhecimento e inteligência, à **pirâmide informacional**. Em ambas as situações, é importante partirmos de termos que nos remetam à palavra **conhecimento**, ou **conhecer**. Quais poderiam ser esses termos? O que lembram essas palavras?

Ao perguntar aos alunos que palavras podem ser associadas ao conhecimento, geralmente vêm à tona livros, professor, escola, saberes, computador e biblioteca. Esses termos podem ser agrupados em quatro categorias, quatro **metáforas**: na primeira, a palavra *livros* é a mais forte; na segunda classificação, a ideia de "escada" predomina; já a terceira, a "rede", está mais próxima do entendimento atual; a quarta, o "*iceberg*", é uma metáfora com o olhar voltado para um futuro próximo.

Com o entendimento dessas metáforas, é possível pensar sobre a forma como percebemos o conhecimento. A maneira como trabalhamos com o livro didático em sala de aula poderia ser comparada ao uso de um "balde", um recipiente que contém o que ensinamos?

Nós apenas distribuímos o conteúdo do livro didático ao longo do ano? Por exemplo: se o livro tem quatro capítulos, trabalhamos um capítulo por bimestre, sem articulá-los? Usamos apenas um livro? Se é isso o que acontece, a escola se baseia no ensino com recipientes separados: conteúdos e saberes que não se associam, não se interligam, não compõem o conhecimento. Essa escola, portanto, é multidisciplinar: os conteúdos são ensinados sem conexões entre si.

Se pensarmos na metáfora "escada", veremos que a nossa escola ainda entende o conhecimento dessa maneira. Conteúdos são ensinados como que em patamares, uns após os outros, em uma sequência linear. Não é possível "pular" de um saber para outro ou de uma disciplina para outra. O imaginário escolar nos traz a fala de professores que dizem: "Agora é aula de Português, e não de Ciências", ou, então, "O desenho tem de ser feito no caderno de Desenho, e não no caderno de Geografia". Quem não se lembra dessas frases?

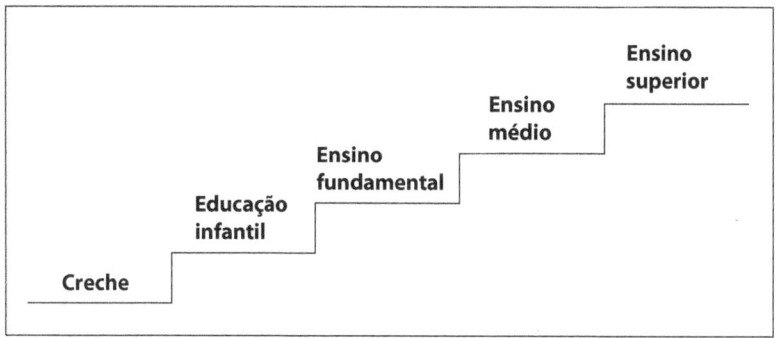

Obviamente, é importante organizar o momento de ensino, determinar um percurso a ser seguido em sala de aula, mas extremos não são saudáveis. O que acontece se um aluno ultrapassa aquilo que desejamos que ele aprenda? Diremos que não é o dia de História e, portanto, não se deve estudar hoje tal assunto? O saber não foi assim construído e não deveria ser assim ensinado.

Uma terceira metáfora surge com o desenvolvimento das ciências cognitivas. Entender os processos químicos que surgem quando as sinapses acontecem e conhecer o desenvolvimento neuronal do aprendizado nos leva à imagem da "rede". Nela, os saberes são construídos historicamente, relacionados entre si. Nesse contexto, os alunos que produzem um "tecido" com conteúdos escolares e, certamente, com a possibilidade de ampliá-los. Esse é o conhecimento visto metaforicamente como "rede".

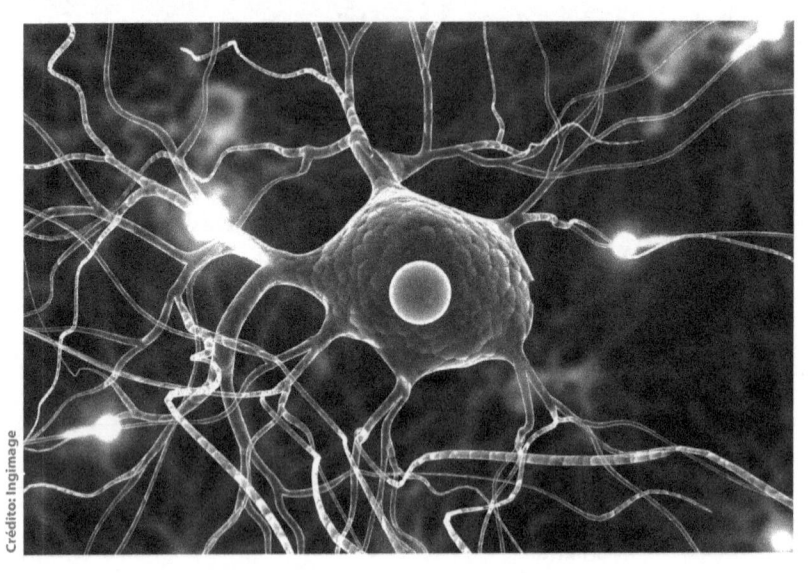

Crédito: Ingimage

Uma quarta possibilidade é entender o conhecimento como um "*iceberg*". O que é um *iceberg*? É uma massa de gelo que parcialmente flutua sobre o mar. Esse "pedaço" de gelo pode ser entendido, por analogia, como o conhecimento.

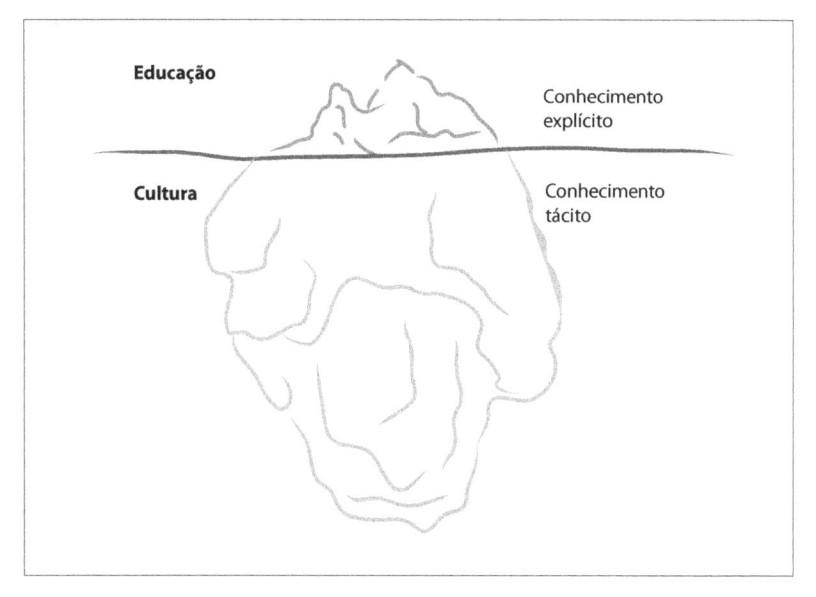

```
Educação                    Conhecimento
                            explícito
─────────────────────────────────────────
Cultura                     Conhecimento
                            tácito
```

Polanyi (citado por Saiani, 2004, p. 101) afirma que "sabemos mais do que podemos relatar". No *iceberg*, a parte que flutua seria o saber escolar, o que é ensinado ao aluno, o conhecimento explícito, a educação. O que está abaixo da linha do mar seria aquilo que não se ensina, o conhecimento tácito. Entre o que flutua e o que está submerso há uma troca intensa de conteúdos.

De acordo com Saiani (2004, p. 101), o que foi explícito "um dia passou a funcionar tacitamente" e "a qualquer momento podemos explicitar alguns (mas não todos) fatores que atuam tacitamente em nosso conhecimento". É o que acontece com elementos da cultura de um povo, de pessoas que vivem em determinada comunidade: o que é explícito pode tornar-se tácito e vice-versa. Em termos escolares, é difícil ensinar, não há como explicitar certos conhecimentos. É preciso vivê-los, vivenciá-los.

Vejamos um quadro comparativo com essas ideias:

Quadro 6.2 – Metáforas sobre o conhecimento

Metáforas	**Livros** – "'recipiente" que contêm saberes.	**Escada** – Etapas, degraus possíveis de serem superados, galgados.	**Rede** – espaço virtual que pode ser percorrido, múltiplas dimensões.	***Iceberg*** – espaço em que o vaivém entre o conhecimento explícito e o tácito pode ser percorrido, sem barreiras.
Tempo	Até século XVII.	A partir de 1637.	A partir de 1950.	Após 2000.
Responsável	Igreja Católica.	Renè Descartes – O discurso do método.	Ciências cognitivas.	Michael Polanyi.
Disciplinaridade	Multidisciplinaridade	Pluri, *cross* e intradisciplinaridade	Interdisciplinaridade	Transdisciplinaridade
	O saber está contido em um recipiente. A escola hoje é compartimentalizada. Os "conteúdos" escolares são estanques.	Os saberes escolares estão em sequência, encadeados.	Os saberes estão distribuídos em uma rede, espalhados. Os alunos a percorrem, mas não necessariamente na sequência que o professor deseja.	Na parte do *iceberg* que fica acima da linha do mar está o saber explícito, o que se ensina, a educação. A parte submersa representa o saber tácito, a cultura.

Uma outra maneira de entender como se relacionam as informações e os saberes para o aprendizado nos é apresentada por Machado (2000), com a **pirâmide informacional**. As palavras que podem ser relacionadas são: *dados, informações, conhecimento* e *inteligência*. Vejamos um esquema:

Figura 6.1 - Pirâmide Informacional

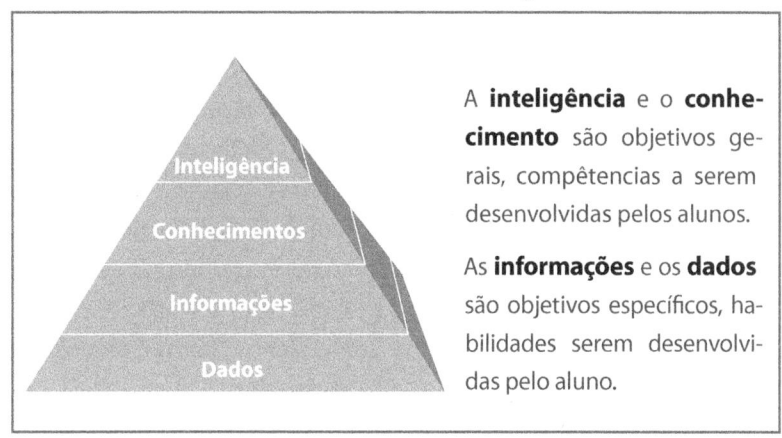

(Pirâmide com os níveis, da base ao topo: Dados, Informações, Conhecimentos, Inteligência)

A **inteligência** e o **conhecimento** são objetivos gerais, compêtencias a serem desenvolvidas pelos alunos.

As **informações** e os **dados** são objetivos específicos, habilidades serem desenvolvidas pelo aluno.

Fonte: adaptado de Machado, 2000, p. 65.

A escola proporciona aos alunos grande quantidade de dados que são necessários para uma visão ampla do que vai ser conhecido, aprendido. Esses dados, por si mesmos, não geram conhecimento. Eles precisam ser articulados, organizados para que se transformem em informações. Estas, por sua vez, são um aglomerado de dados organizados de alguma forma.

Por exemplo: uma lista telefônica é montada a partir de **dados** de uma determinada cidade. Esses dados são agrupados em categorias, como "escolas". Os nomes, endereços e telefones das escolas de uma determinada cidade, reunidos em conjunto, são **informações**. O conjunto dessas escolas pode ser novamente subdividido em estabelecimentos de ensino públicos municipais e estaduais, ou em escolas particulares e laicas, por exemplo. São informações que, quando organizadas em sistemas específicos, tornam-se **conhecimento**. A iniciativa de organizar essa divisão e subdivisão poderia ser considerado como **inteligência**.

Vejamos um exemplo no contexto educativo. Se considerarmos a disciplina de Geografia, os nomes dos países, de suas capitais, dos idiomas, das moedas e das religiões compõem um grupo de dados que há pouco tempo era ensinado e "cobrado" dos alunos. Esses dados, sem interligação, não poderiam se tornar informações e deixavam de ter sentido para os alunos, que somente "decoravam" palavras. Não havia entendimento e, muito menos, aprendizado. Para que isso pudesse acontecer, seria necessário, por exemplo, pensar em agrupá-los em categorias mais apuradas, melhor definidas. É comum encontrar alunos que confundem países como a Suécia e a Suíça. São nomes semelhantes, que estão fora do contexto dos alunos. É difícil entender o que esses nomes significam se o conteúdo escolar que está sendo ensinado não estiver conectado a outros saberes[1].

Ainda em relação a esse exemplo, no momento em que as informações apresentadas aos alunos são trabalhadas, estas podem se transformar em conhecimento. O que o aluno fará com esse saber, de acordo com seus projetos de vida e seus valores, poderá se configurar como inteligência.

Independentemente da maneira pela qual entendemos o que seja conhecimento – seja pelas metáforas ou pela pirâmide informacional –, desse entendimento dependerá a forma como vemos o processo avaliativo educacional. As nossas ações serão pautadas com base na associação dessa forma de ver o conhecimento, do momento histórico e do espaço geográfico em que estamos vivendo.

---

1   Leia novamente sobre as ideias de Vygotsky e de Piaget no Capítulo 5.

O que é avaliar, então? Quais são os teóricos mais significativos na área dos estudos pedagógicos? Entre os que deixaram marcas em nossa Educação, **Benjamin Bloom** se destaca. Ele foi, sem dúvida, o autor que, na segunda metade do século XX, mais influenciou as teorias da aprendizagem, e as suas ideias educacionais estão presentes em movimentos contemporâneos. Muito combatido nos dias de hoje por ter feito parte do momento tecnicista na década de 1950, Bloom escreveu, em conjunto com outros teóricos, um livro que foi traduzido por *Taxionomia de objetivos educacionais*, publicado no Brasil em 1972[2]. Do grego *taxis* (ordenação) e *nomos* (sistema, norma), a palavra *taxionomia* refere-se a todo sistema de classificação.

De acordo com Benjamin Bloom (citado por Rodrigues Junior, 2007), em relação aos objetivos educacionais há uma estrutura de organização hierarquizada em três categorias. Cada uma delas é mais complexa e mais específica do que a anterior:

- **Cognitiva** – Salienta a lembrança de algo aprendido. Diz respeito à resolução de alguma atividade mental, em que o indivíduo tem de definir o problema fundamental, reorganizar o material ou combinar ideias, técnicas e métodos antecipadamente aprendidos. É a aprendizagem intelectual.

- **Afetiva ou emocional** – São as emoções e os anseios, como a aceitação ou a rejeição, expressos na forma de interesses, atitudes ou valores.

- **Psicomotora** – São os que se relacionam à habilidade muscular ou motora.

Se considerarmos o campo cognitivo, podemos subdividi-lo em seis outros níveis:

---

2   Para saber mais sobre Benjamin Bloom, leia o livro *A taxionomia de objetivos educacionais: um manual para o usuário*, de José Florêncio Rodrigues Junior, publicado em 2007 pela Editora Universidade de Brasília – UnB.

- **Conhecimento** – São os processos em que o aluno precisa reproduzir com precisão uma noção que lhe tenha sido transmitida. Pode ser uma fórmula, uma teoria ou mesmo um procedimento.
- **Compreensão** – São os processos que demandam a preparação de uma informação original, que pode explicar de outra forma ou antecipar resultados proporcionados pela informação inicial.
- **Aplicação** – Acontece quando o aluno mobiliza um conhecimento geral para uma circunstância nova, específica, real e problemática.
- **Análise** – É a separação de informações em dados elaborados, para que se estabeleçam relações entre eles. Segundo Bloom, é quando se realiza a taxonomia dos objetivos educacionais.
- **Síntese** – É o procedimento em que o estudante agrupa noções de informação para compor dados novos, que terão uma nova descrição individual e característica. Nesse momento há uma produção inovadora e pessoal por parte de quem aprende.
- **Avaliação** – É o nível que concebe os processos cognitivos mais complexos. Pode-se conferir um dado, uma informação, uma teoria ou uma ideia por meio do discernimento ou de um conjunto de critérios. Com base nesses critérios, que podem ser internos ou externos em relação ao objeto avaliado, é que são elaborados os juízos.

As subdivisões que integram o **domínio afetivo** e internalizam valores são cinco: recepção, resposta, valorização, organização e caracterização.

As categorias que integram o **domínio psicomotor** são: percepção, posicionamento, execução acompanhada, mecanização e completo domínio dos movimentos. Embora não tenha sido concluído por Bloom, esse domínio serve até hoje para auxiliar no entendimento do que seja o aprendizado.

É importante pesquisar sobre esse teórico. Embora sejam consideradas "superadas", no que diz respeito aos estudos sobre avaliação, as ideias de Benjamin Bloom estão presentes na maioria dos autores que escrevem sobre a educação brasileira.

Em termos de avaliação, ele sugeria três possibilidades: diagnóstica, formativa e somativa. Essa mesma nomenclatura é utilizada por teóricos brasileiros que escrevem sobre o tema, como Jussara Hoffmann (1991), Cipriano Carlos Luckesi (1999), Celso Vasconcelos (1995) e Vasco Moretto (2001).

A classificação da avaliação foi concebida por Bloom com o intuito de auxiliar, no entendimento dos objetivos do sistema educacional, os profissionais de Educação que precisam elaborar avaliações – instrumentos e critérios – e organizar o currículo. O currículo, nesse caso, é considerado não apenas uma grade de disciplinas a ser ministrada aos alunos, e sim a organização de um complexo sistema de ensino para uma aprendizagem eficaz. Com isso, Bloom criou certa padronização de trabalho para facilitar a mensuração dos objetivos. Como a classificação considera o domínio cognitivo, e nela não são considerados os relacionamentos de professores e alunos, os materiais de ensino empregados ou mesmo o conteúdo, mas o comportamento esperado – ou seja, os modos como os alunos devem agir, pensar ou sentir como resultado de sua participação em algum conteúdo –, Bloom é considerado **comportamentalista**.

Vejamos, com base na classificação de Bloom para a avaliação, como essas ideias podem ser aplicadas em sala de aula:

- **Avaliação diagnóstica** – é o momento inicial, quando o professor, ao conhecer seus alunos e com um plano de atividades educacionais em mente, confronta o grupo para conhecê-lo, para adequar o que planejou aos alunos.

- **Avaliação formativa** – é o momento em que o professor, ao realizar a avaliação, observa se o que planejou está sendo realizado ou não. Assim, determina novos rumos e novas diretrizes para o ensino, com o objetivo de atingir o que havia anteriormente organizado. É quando ele pode perceber se os alunos estão no caminho da aprendizagem ou não.

- **Avaliação somativa** – é o momento final, quando o objetivo é verificar se efetivamente o aluno aprendeu. São utilizados instrumentos avaliativos como provas escritas e orais, trabalhos, exames etc.

Se durante muitos anos eram realizadas apenas avaliações pontuais finais – ou seja, apenas no momento final de um processo educacional –, hoje em dia esse modelo não é mais considerado adequado. São realizadas várias atividades consideradas como instrumentos avaliativos. Algumas são feitas individualmente, na sala de aula, na biblioteca ou em casa. Outras acontecem coletivamente, em pequenos grupos, também em sala de aula, na biblioteca ou, até mesmo, fora do espaço escolar.

Vejamos alguns desses instrumentos individuais:

- Provas.
  - Provas escritas
    - Provas escritas objetivas
    - Provas escritas dissertativas
  - Provas orais
- Relatórios
  - Relatórios parciais
  - Relatórios totais (portfólios)
- Autoavaliação

Além desses, temos também alguns instrumentos coletivos de avaliação:

- *Banner*/pôster/cartaz
- Debates
- Seminários
- Trabalhos em grupo
- Questões escritas/organizadas e resolvidas pelos alunos

Considerações sobre os instrumentos de avaliação

No momento da avaliação, o professor, conhecendo seus alunos, pode alternar instrumentos individuais e coletivos, provas escritas e orais, dissertativas e objetivas. A questão é combinar atividades que permitam visualizar um panorama mais amplo sobre o que e como o aluno aprendeu, e não meramente um preenchimento de formulários com itens que não têm conexões entre si e muito menos com o cotidiano dos alunos.

Há uma tendência, nos dias de hoje, à avaliação por meio do **portfólio**[3]. Afora o modismo que as escolas adotam, sem a preparação adequada para esse instrumento, existe a necessidade de pensar para quem o estamos organizando. É para os pais? Para que a escola possa mostrar à comunidade? Para a Secretaria Municipal? O portfólio é o registro de um percurso, do qual fazem parte os alunos e o professor. Portanto, apenas "juntar" em uma pasta (que o próprio aluno desenhou, "enfeitou") os trabalhos realizados durante o bimestre não tem sentido. O ideal é que cada trabalho esteja contextualizado em seu período. Ou seja, no portfólio devem estar os trabalhos do aluno e o roteiro da atividade realizada em sala de aula. O professor deve relatar de maneira geral como a atividade aconteceu e detalhar oque cada aluno fez. Este relato específico é individual.

---

3   Um dos teóricos que discute a questão do portfólio é Fernando Hernández, em seu livro *Cultura visual, mudança educativa e projeto de trabalho* (2000, p. 163-174).

Vejamos um exemplo:

Quadro 6.3 – Exemplo de contextualização de portfólio

Relatório das atividades do primeiro bimestre de 2010 – 2º ano do ensino fundamental		
Data	Primeira atividade	Explicação sobre a atividade, objetivos, tempo previsto, resultados esperados.
	Comentários sobre a atividade	Relato sobre como foi o momento em sala de aula, de maneira geral, e sobre todos os alunos.
	Comentários sobre a atividade realizada pelo aluno	**Relato sobre a atividade realizada pelo aluno, sem críticas, mas comentários pertinentes ao seu fazer.**
Data	Segunda atividade	Explicação sobre atividade, objetivos, tempo previsto, resultados esperados.
	Comentários sobre a atividade	Relato sobre como foi o momento em sala de aula, de maneira geral, e sobre todos os alunos.
	Comentários sobre a atividade realizada pelo aluno	**Relato sobre a atividade realizada pelo aluno, sem críticas, mas comentários pertinentes ao seu fazer.**

O relatório das atividades realizadas, tanto teóricas quanto práticas, a ser anexado em cada portfólio pode ser padrão para todos. Ele deve ser impresso com espaços para comentários individuais dos alunos. No exemplo acima, os comentários dos alunos são inseridos nas linhas que estão destacadas em negrito.

O portfólio geralmente é o relato de um percurso. Ele pode ser utilizado no início do ano escolar, apenas para um curto período, ou durante todo o ano. Aparentemente, o portfólio é de fácil elaboração e resolução. Mas, na verdade, seu uso é muito "demorado", tanto para a produção quanto para a correção, e requer registro atento das atividades, além de paciência. Por isso, sua realização nem sempre é possível. Antes de adotar o portfólio avaliativo para o período do ano letivo, é prudente que se faça uma experiência para verificar as dificuldades de sua implementação e refletir sobre elas.

A **autoavaliação** é um recurso muito utilizado com alunos maiores. Sem critérios adequados, no entanto, ela se torna inútil. De certa forma, quando o professor solicita aos seus alunos que se autoavaliem, ele não quer ter o trabalho de avaliar e, muito menos, de ser o responsável pelas "notas" ou "conceitos". No entanto, ao professor estabelecer critérios para esses registros, a autoavaliação torna-se um instrumento interessante. Por exemplo: se a nota que seria dada aos alunos em Língua Portuguesa estivesse associada à leitura de dois livros durante o bimestre, a autoavaliação seria uma análise sobre a atividade realizada com os livros, e não apenas escrever ou dizer se apreciaram ou não a leitura. A nota ou o conceito, nesse caso, deve ser dada pelo processo de leitura e de produção de textos dos alunos, e não pelo simples registro de terem ou não "gostado" do livro ou por terem preenchido a ficha de leitura.

Quanto aos instrumentos coletivos, podemos citar o *banner* (sinônimo de pôster ou cartaz), que é uma forma interessante de apresentar o que foi estudado. Na sua elaboração, é importante observar, por exemplo, se o número de figuras está em equilíbrio com o texto e se a fonte é legível para quem está a pelo menos um metro de distância do cartaz. O *banner* é um primeiro passo para que os alunos apresentem o que estão estudando, de maneira visual e oral.

Outro instrumento coletivo é o **debate** entre grupos formados por alunos de uma mesma turma. Estudar um texto, fazer uma pesquisa sobre determinado conteúdo e, em sala, debater sobre ele é também preparar os alunos para a sua inserção na comunidade. Eles podem discutir, por exemplo, a respeito da economia de recursos naturais – como o gás, a água e o solo – ou sobre combustíveis a serem utilizados em determinadas situações. Além de preparar os alunos para a vida, o debate auxilia o professor a entender se os seus alunos estão tendo a participação desejada no processo de ensinar e aprender.

O **seminário** originou-se da ideia de lançar sementes. São trabalhos que podem ser realizados pelos alunos da mesma turma, mas com o cuidado de não se "comparar" os resultados apresentados. Um mesmo tema ou assunto é visto sob olhares diferentes, que se complementam. Por exemplo, se o assunto é "alimentação", a turma pode ser dividida em pequenos grupos, que irão pesquisar sobre o que sejam alimentos, onde são produzidos, quais são saudáveis ou não e porquê, além das quantidades necessárias mínimas e adequadas para cada faixa etária. Para além dessas questões há outras importantes, mas o seminário não deve ser uma varredura completa sobre o assunto, e sim deixar lacunas para que os próprios alunos tenham a vontade de completá-las. É interessante perceber o quanto eles se interessam por assuntos bem apresentados, motivadores.

Os **trabalhos em grupo** estão na moda. Na escola, iniciaram-se com a abordagem cognitivista e poderiam ser melhor utilizados. A questão não é dividir a turma em grupos em que um aluno faz a capa, outro recorta e cola figuras, um terceiro as desenha e outro – normalmente o que é considerado "diferente" pelos colegas – copia textos da internet e os cola, formando uma "colcha de retalhos". O ideal é que se dividam os grupos e se apresente ou sorteie o assunto. Depois, na próxima aula, todos trazem e compartilham o que encontraram sobre o tema. Na etapa seguinte, organizam a estrutura do trabalho e subdividem o efetivo "fazer o trabalho". A avaliação sobre o que foi produzido deve ser coerente com a ação dos alunos. Não é necessário que todos apresentem, mas que todos saibam sobre a pesquisa realizada. Se o grupo é formado por quatro alunos, após a apresentação do trabalho, pode-se fazer quatro perguntas, uma para cada aluno. Eles podem escolher a qual vão responder, mas somente uma; as outras questões deverão ser respondidas pelos colegas de grupo. De certa forma, isso confirma se o trabalho foi realizado em grupo ou se apenas um ou dois integrantes o fizeram.

Elaborar e realizar a prova em grupo é mais uma maneira de avaliar alunos. Ao término do conteúdo ensinado e já com os exercícios feitos e corrigidos, pode-se novamente separar os alunos em pequenos grupos e solicitar que escrevam e resolvam três questões sobre o assunto recém-estudado. As questões podem ser de fácil, média e difícil resolução. Dessa forma, o professor pode organizar e aplicar uma prova que, com certeza, será resolvida pelos alunos com maior atenção e responsabilidade.

Atenção: todo instrumento avaliativo deve começar por questões de fácil resolução e avançar nos graus de dificuldade, para não "desanimar" os alunos. As questões devem todas ter o mesmo "valor". Questões mais difíceis devem ser divididas, pois não é adequado que uma questão valha mais apenas porque é difícil. E ainda: o resultado de uma questão não deve ser parte do enunciado de outra. Isso não parece ser correto, pois, se o aluno errar uma questão, as subsequentes também estarão todas "erradas". Essa forma de elaborar as questões não mostra se o aluno entendeu e se "sabe a matéria".

Bloom, no livro citado anteriormente (Rodrigues Junior, 2007), categorizava os graus de dificuldade nas questões de um instrumento avaliativo. Para ele, existem seis tipos de questões, que vão da mais fácil à mais complexa. Vejamos quais são:

1. **(Re)conhecimento** – são questões bem simples, para situar os alunos no contexto. Os enunciados utilizados podem ser: "identifique", "nomeie", "complete as lacunas", "relacione as colunas".

2. **Compreensão** – para avaliar a compreensão do aluno, podem ser utilizados enunciados como "explique" ou "descreva".

3. **Aplicação** – são questões que pedem ao aluno que "resolva", "determine", "calcule" ou "aplique a fórmula ou o modelo".

4. **Análise** – os enunciados podem conter expressões como "analise" e "explique o processo".

5. **Síntese** – para que o aluno elabore a síntese de um conteúdo, os enunciados podem ser "sintetize" ou "generalize".

6. Julgamento ou avaliação – esse tipo de questão pode ser elaborado da seguinte forma: "ao escrever ou escolher uma resposta, justifique a sua escolha apresentando argumentos a favor ou contra".

Avaliar é difícil. Há uma ciência que estuda processos avaliativos, denominada de *docimologia*[4]. É uma área de saberes e de estudos que vai além do conhecimento pedagógico, mas seu entendimento é mister para a Educação. Da sua epistemologia à dimensão técnica, é preciso ter ponderação, certeza do que se faz. Hoje, não basta entender ou saber os conteúdos, tampouco apenas conhecer os alunos. Instrumentos definidos e critérios são importantes ferramentas para que possamos avaliar. Com critérios apresentados anteriormente aos alunos para a correção dos instrumentos, o processo torna-se mais transparente e com menos chances de questionamentos e dúvidas.

Freire (2000), em seu livro *Pedagogia da autonomia: saberes necessários à prática educativa,* pondera sobre o fazer docente. O texto está dividido em três grandes capítulos, "Não há docência sem discência", "Ensinar não é transferir conhecimento" e "Ensinar é uma especificidade humana". Cada um deles contém "pérolas" que contribuem para a realização de um bom trabalho. Avaliar é parte dessa tarefa, e os subtítulos desses capítulos remetem aos critérios que devemos adotar para garantir uma ação docente com qualidade. **Bom senso** é um deles. Que tal ler o livro?[5]

---

[4] Docimologia: Capítulo recente da psicologia que se refere às condições de validade dos exames de conhecimentos. Por um lado, estuda os fatores de erro provenientes das modalidades de provas e dos examinadores que as corrigem; por outro, trata das correlações entre as notas e o nível real a ser avaliado. A parte prática da doc mas que servem para eliminar o "fator pessoal" dos examinadores habituais. O teste docimológico é um questionário de múltiplas respostas que permite avaliar, rápida e objetivamente, os conhecimentos (Teixeira, 2010).

[5] Veja a segunda parte da entrevista realizada pelo professor Ubiratan D'Ambrosio com Paulo Freire. Nela, há o relato de Freire sobre a escrita do livro *Pedagogia da autonomia,* publicado após a sua morte. A entrevista está disponível no *link*: <http://www.paulofreire.org/Crpf/CrpfAcervo000130>.

Atividades de autoavaliação

1. Um bom processo avaliativo é composto por fases, a saber:
   a) Diagnóstica, efetiva e somática.
   b) Diagnóstica, determinista e final.
   c) Somativa, diagnóstica e formatadora.
   d) Diagnóstica, formativa e somativa.

2. Para bem avaliar é necessário:
   a) conhecer os alunos e o conteúdo.
   b) conhecer o conteúdo e o contexto escolar.
   c) conhecer o contexto escolar, incluindo o entorno geográfico.
   d) conhecer os alunos, o conteúdo e a comunidade escolar.

3. As questões mais difíceis de resolver são as que necessitam de:
   a) fórmulas matemáticas.
   b) generalização de um conceito com base em repetições.
   c) julgamento, principalmente por ter que justificar suas escolhas.
   d) Toda questão de um instrumento avaliativo, por se tratar de uma prova, é difícil.

4. Ao avaliar os alunos, o professor deve:
   a) elaborar apenas questões difíceis, pois as fáceis os alunos sabem responder.
   b) elaborar questões variadas em seu grau de complexidade.
   c) elaborar questões de acordo com o que os alunos sabem.
   d) elaborar questões de acordo com os modelos apresentados em sala de aula. Afinal de contas, se o professor ensinou, os alunos têm de saber.

Atividades de aprendizagem

Questões para reflexão

1. O que significa, para você, avaliação? Elabore um conceito.

2. Compare o seu conceito com o de dois autores da área.

3. Avaliar é uma ciência? Justifique sua resposta.

Atividade aplicada: prática

1. Elabore, em grupo, um instrumento avaliativo para este capítulo. Inclua questões de fácil, média e difícil resolução.

Capítulo 7

Processos de ensino e de aprendizagem

Do que trata este capítulo? Este capítulo pretende associar o texto escrito nas páginas anteriores às práticas escolares, com sugestões de percursos para a sala de aula. Não se trata de um modelo preestabelecido ou de um percurso obrigatório, mas de um roteiro que pode ajudar a quem deseja ser professor do ensino básico.

A palavra *educação* é de origem latina e está em nosso vocabulário desde o século XVII. Formada por *ex + ducere*, significa conduzir de dentro para fora. Para Cunha (1997, p. 284), Educação é o "processo de desenvolvimento da capacidade física, intelectual e moral da criança".

De acordo com a Lei de Diretrizes e Bases da Educação Nacional – LDBEN, Lei nº 9.394, de 30 de dezembro de 1996 (Brasil, 1996, p. 16), o objetivo maior do ensino fundamental é "propiciar a todos formação básica para a cidadania, a partir da criação na escola de condições de aprendizagem". O texto referência explicita quais são esses objetivos, que conduzem ao entendimento do que pode significar ***educar*** para a sociedade brasileira.

Em seu art. 32, a LDBEN afirma que o objetivo do ensino fundamental – a formação básica do cidadão – deverá ser alcançado mediante:

> I – O desenvolvimento da capacidade de aprender, tendo como meios básicos o pleno domínio da leitura, da escrita e do cálculo;
> II – A compreensão do ambiente natural e social, do sistema político, da tecnologia, das artes e dos valores em que se fundamenta a sociedade;
> III – O desenvolvimento da capacidade de aprendizagem, tendo em vista a aquisição de conhecimentos e habilidades e a formação de atitudes e valores;
> IV – O fortalecimento dos vínculos de família, dos laços de solidariedade humana e de tolerância em que se assenta a vida social.
> (Brasil, 1996, p. 16)

A palavra *instrução* também é de origem latina – *instruere* – e significa em nossos dias "transmitir conhecimentos a, lecionar, informar" (Cunha, 1997, p. 439). Antes do século XVI, quando foi inserida em nosso vocabulário, tinha como significado marcar com um sinal, um signo. A palavra *signo*, por sua vez, gera o termo *ensinar*, cuja origem está em *insignare* – transmitir conhecimento. E isso já desde o século XIII, bem antes do descobrimento do Brasil, na época da formação da língua portuguesa.

Hoje há uma tendência generalizada a acreditar que basta ter boa vontade para ensinar e para aprender. De jeito nenhum. O ensino e o aprendizado implicam diretamente esforço, tempo de preparação por parte de alunos e de professores. E sem trabalho, sem tempo adequado e suficiente, tanto por parte de quem ensina quanto, e principalmente, de quem aprende, dificilmente ocorre esse processo.

Pensar em ensinar por meio de jogos, por exemplo, pode ser um erro. Um jogo, no sentido de algo "leve", que "motive" os alunos, é tão incongruente quanto um momento da aula em que professor e alunos não se comunicam. Jogar lembra lazer, devaneio, o que pode ser feito ao final da aula, quando queremos verificar se os alunos aprenderam. Ou, então, em um início de aula, para fazer com que os alunos se **preparem** para o que vão estudar. Mas o jogo, em si, necessariamente não "constrói" ou "produz" saber. Atividades lúdicas são sempre bem-vindas, mas é importante recordar que a construção do conhecimento por parte dos alunos precisa de tempo e de trabalho árduo, sem que necessariamente isso signifique brincadeira. Ensino é trabalho, e para que haja a contrapartida da aprendizagem, professor e alunos precisam labutar bastante.

Para aprender, sabemos que é preciso superar obstáculos didáticos e epistemológicos (Pais, 2002). Os primeiros, que dependem do professor e do momento em que são ensinados, têm suas raízes também no entendimento errôneo do que seja a disciplina de Didática. O aprendizado e a compreensão de um conteúdo escolar sofrem interferência direta da maneira com que esse saber, esse conhecimento, foi apresentado aos alunos. Aulas mal preparadas ou não preparadas não são necessariamente reflexos de não aprendizado. Organizar o percurso, o plano de aula, auxilia nesse processo complexo que é o de **ensinar**. A disciplina de Didática, nos cursos de magistério e nas licenciaturas, tem esta função: auxiliar os alunos, futuros professores, a compreender um percurso pedagógico e a saber organizá-lo, para que o processo de ensinar e de aprender possa acontecer.

O outro obstáculo a ser superado é o epistemológico. De acordo com Igliori (1999, citado por Pais, 2002, p. 44), "a noção de obstáculo epistemológico pode ser estudada tanto para analisar a evolução histórica de um conhecimento, como em situações de aprendizagem ou na evolução espontânea de síntese de um conceito". Dessa forma podemos entender que o obstáculo epistemológico seja o entendimento de como determinado conceito foi "construído" com o passar dos tempos e como ele chegou até nós. Ainda segundo

Igliori (citado por Pais, 2002, p. 44), "a noção de obstáculo não deve ser interpretada de forma restrita ao território da epistemologia, tal como também não é uma ideia isolada no plano pedagógico". Tal afirmação confirma o amplo espectro de saberes que são necessários ao fazer docente. Não basta saber os conceitos a serem ensinados e como ensiná-los. O professor deve saber como eles foram "construídos": em que época, em que local e como eles chegaram até à escola. Com a superação desses obstáculos, parte-se para um aprendizado eficaz.

Processos de aprendizagem: o ato de aprender

É muito comum responsabilizar o professor quando os alunos não aprendem. Responsabilidade pressupõe conhecimento, e é nesse sentido que acreditamos que os professores devam ser responsabilizados pelo aparente fracasso escolar de seus alunos: pela falta de conhecimento, tanto de saberes acadêmicos (**teóricos e práticos**) quanto, e principalmente, de saberes sociais. Poderíamos citar vários exemplos, mas preferimos ampliar essas ideias a fazer críticas à ação de um professor que hoje em dia está desgastado e acuado em sua função.

Em que sentido o professor é responsável pelo não aprendizado dos saberes escolares? Ainda pensamos que nossos profissionais são pessoas que acreditam no que fazem e se preparam para o seu trabalho: são bem preparados, bem organizados, e muito estudiosos. Mas, entre o que se ensina e o que se pressupõe que o aluno aprenda existe, cada vez mais, um abismo que engole qualquer tentativa de acertar. Não basta saber o conteúdo escolar, é necessário saber mais sobre o que se vai ensinar. Mas, quando o aluno não aprende, isso não significa que o professor não esteja preparado, mas que não encontrou um "canal" de comunicação com seus alunos. E é nesse sentido que responsabilizamos o professor. Principalmente quando mencionamos o ensino básico.

Cada vez mais comum é encontrar nos jornais e na televisão reportagens que mostram situações nas quais ninguém mais se respeita: alunos batendo, atirando em professores e, por outro lado, profissionais da Educação agindo com autoritarismo desmedido. Do que temos medo? O que realmente nos incomoda na Educação?

Intervenção e ação

Há tempos estamos tentando responder a essa questão. E quanto mais refletimos sobre ela, mais nos angustiamos. Sabemos que a resposta não é fácil e, com o passar dos tempos, jogamos fora o que nos parece "dar certo" na lida com alunos de qualquer faixa de ensino.

Apresentamos alguns dos pontos que consideramos importantes para que as ações docentes tenham sentido e "produzam" resultados condizentes com o que desejamos.

Em primeiro lugar, **coerência**. Não é possível fazer um discurso bonito e não vivenciá-lo. *"De boas intenções está cheio o inferno"*, este é um provérbio utilizado por muitos e que, de fato, aplica-se a mais gente ainda. É comum encontrarmos professores, coordenadores e diretores de escolas que organizam discursos, atividades fantásticas, projetos e mais projetos sobre desenvolvimento sustentável, ecologia, natureza, trânsito e muitos outros tópicos importantes, mas que, ao efetivamente colocá-los em prática, mantêm apenas uma aparência fugaz e nem sempre obtêm resultados positivos e duradouros. Esquece-se o mais importante: a real função da escola. De acordo com Abbagnano e Visalberghi (1987, p. 12, tradução livre),

> A educação é, pois, um fenômeno que pode assumir as formas e as modalidades mais diversas, de acordo com os mais diversos grupos humanos e seu correspondente grau de desenvolvimento; mas, na essência, é sempre a mesma coisa, isto é, a transmissão da cultura do grupo de uma geração para outra, a partir da

qual as novas gerações adquirem a habilidade necessária para manipular as técnicas que condicionam a sobrevivência do grupo. Desse ponto de vista, a educação cultural é precisamente a transmissão da cultura do grupo, ou educação institucional, e tem como fim levar as novas gerações ao nível das instituições, dos modos de vida ou das técnicas próprias do grupo.

Se essa é a real função da escola, tanto no sentido de *educação cultural* quanto no de *educação institucional*, não podemos nos furtar a transmitir o conhecimento que o nosso grupo humano estabeleceu como imprescindível e necessário. Não vamos (re)lembrar aqui os diversos momentos históricos pelos quais a instituição escola passou e foi modificando esses saberes, pois não é esse o objetivo do texto. Limitamo-nos a refletir aqui sobre o que estamos vivendo.

É incrível como a escola, hoje em dia, está tremendamente envolvida nos mais variados tipos de projetos. Temos, por conta do nosso labor, visitado e acompanhado, em sala de aula, professores do ensino básico. E a pergunta que sempre fazemos a eles é: **Ao lado dos tão famosos e especiais projetos, os conteúdos e os saberes escolares estão sendo socializados, ensinados?**

A resposta, infelizmente, não é a que gostaríamos de ouvir. Eles dizem que "agora é o dia do projeto tal", mas o conteúdo, "ah, o conteúdo, vamos deixar para que o professor do próximo ano ensine...". Se, por um lado, é importante se envolver e ensinar os alunos a participarem de uma sociedade cada vez mais competitiva, como é que as crianças e os jovens farão parte dela, se não têm os mínimos instrumentos e saberes que a escola deveria fornecer? Não é à toa que cada vez mais os professores se sentem despreparados para o seu trabalho e desamparados em sala de aula. É óbvio que vão se sustentar com projetos que, momentaneamente, são considerados importantes e distraem ludicamente.

A coerência tão desejada entre o dizer e o fazer desaparece ou, melhor dizendo, dilui-se nas inúmeras funções que o profissional da

Educação indevidamente assume hoje: psicólogo, assistente social, amigo etc. Como ser coerente nesses casos? Creio que voltar a realizar a função precípua da escola auxiliaria a encontrar o equilíbrio. Há uma incongruência flagrante entre o que deveria ser o foco da escola e a realidade praticada. E parece que os meios de comunicação, cada vez mais, incentivam essa fragilidade dos conteúdos mediados.

Esse ponto nos leva à **disciplina**. Professor coerente não tem grandes problemas disciplinares. Mas, por quê? Alunos precisam de alguém que seja coerente em suas ações, que mantenha a palavra e a vivencie.

Há um determinado tipo de professor para o qual "um dia, tudo pode". Em outra ocasião, quando esse mesmo profissional pensar nas contas que não conseguiu pagar, nos livros que não pôde comprar e ler e na família, que fica cada vez mais à margem para que ele trabalhe, dirá aos seus alunos que "nada pode". Provavelmente esse professor terá alunos inseguros e indisciplinados. Eles, assim como as crianças em casa, querem e precisam de atenção. Mais do que isso, os alunos querem limites, algo que seja claro e que lhes dê um norte e um "porto seguro", a partir do qual possam zarpar para novos horizontes e retornar sempre que sentirem necessidade. É nesse "porto seguro" que eles irão se ancorar quando as tempestades da vida surgirem.

Não é verdade que crianças pequenas querem ouvir os mesmos contos, vezes e mais vezes, até que se sintam seguras e passem a criar suas próprias histórias? Tiba (1996, p. 110) resume, de forma objetiva e simples, o que pode e deve ser feito para termos alunos e professores bem-sucedidos: "pedir para o aluno trazer recortes, fazer chamada oral, ter bom humor, **estabelecer limites**, fazer provas que avaliem o conhecimento. Esses são os ingredientes para um professor ser bem--sucedido" (grifo nosso).

Outro ponto é a **justiça**. Sem ela, fica difícil seguir adiante. Estamos tão acostumados a ler, a ver e a viver injustiças sociais que quase chegamos a entendê-las como "normais". Não é normal ver salários astronômicos no Legislativo e no Judiciário sem pensar que o Poder Executivo brasileiro é o último a receber aumentos exíguos que raramente acontecem. Tais aumentos são os últimos a serem votados nas instâncias superiores, quando já não há mais verbas disponíveis.

E não é apenas uma questão de conjuntura social, mas cultural. A Educação é vista como subserviente aos outros poderes. Somos nós, professores, que formamos mão de obra de baixo custo para manter o *status quo* dos outros dois poderes que constituem a nação Brasil. E essa injustiça é levada para a escola e para a sala de aula de maneira muito cruel. As aulas dos cursos noturnos recebem profissionais mal preparados, que não encontram espaço em instituições públicas e particulares de ensino como mestres. Elaboram, então, em nome do social, aulas com conteúdos incipientes e aprovam alunos com critérios de qualidade duvidosa. Sem querer generalizar, para não sermos injustos, sabemos que é muito comum ensinar a esses alunos conteúdos escolares aligeirados, que em nada contribuem para permitir a superação da ignorância cultural acadêmica na qual se encontram.

"Aulinhas", "trabalhinhos", "queridinhos", sem considerar que são jovens e idosos, homens e mulheres que, por não terem cursado a escola na faixa etária adequada, precisariam de aulas muito bem preparadas, provavelmente mais bem organizadas e apresentadas do que aquelas ministradas aos alunos do ensino regular. Estes podem ir atrás do que desejam estudar, afinal de contas, não trabalham e não sustentam famílias inteiras. A justiça deveria ser feita a partir dos bancos escolares, e não em um futuro distante e alienado da nossa realidade.

O professor deve ter também **paciência** e **tolerância** para poder estimular, ouvir, avaliar e valorizar a cultura que todo aluno traz do seu meio, inclusive aquele que chega analfabeto à escola. Essas são outras questões que devem ser consideradas.

Outro ponto importante é o professor ter **humildade** para aceitar que a sua fala e o seu saber não são mais importantes que o conhecimento dos outros, sejam eles professores ou alunos. Ser humilde implica compartilhar o que se sabe, para que, de forma contínua, possamos estar sempre aprendendo, e, com base nisso, possamos continuamente aprimorar o nosso fazer.

Não podemos deixar de pensar em mais um aspecto crítico, mas não necessariamente essencial: **instalações físicas mínimas adequadas** e **salários decentes**, que permitam ao professor uma vida digna. Bons professores utilizam – como diz o jargão – apenas "cuspe e giz". Mas se o mundo em que vivemos nos apresenta tecnologias de ponta, por que não permitir e insistir para que elas sejam incorporadas ao espaço escolar? É ingenuidade nossa acreditar que isso pode ser apreendido apenas fora do âmbito educacional. Apropriar-se da tecnologia deveria começar como uma ação de professores. Mas, como comprar um computador, se o seu valor é maior que, na média, o salário dos docentes? Se considerarmos o ofício de professor, não seria óbvio que deveríamos ter acesso a *laptops* de média e última geração? Voltamos a uma questão anterior: a da justiça social, econômica e cultural.

Cremos que um último ponto sintetiza de certa forma os anteriores: **respeito**. Se respeitarmos o aluno, prepararemos aulas adequadamente e da melhor forma que sabemos. Se o respeitarmos, saberemos entender as suas dificuldades na aprendizagem e poderemos ajudá-lo; faremos com que ele conheça e se aproprie dos saberes que o nosso grupo social considera indispensáveis, hoje, para a sua sobrevivência de forma adequada; enfim, seremos coerentes em nossas ações, disciplinados, humildes e tolerantes, tanto na sala de aula quanto, e principalmente, na vida. Seremos justos e pacientes nessas ações e exigentes com o espaço físico mínimo para que possamos exercer o nosso papel profissional, para o qual, afinal de contas, estamos sendo remunerados.

Há mais pontos para refletir? Com certeza. Em um futuro próximo, esperamos poder dizer que somos cidadãos de direito e de fato, ao conseguirmos articular projetos de vida pessoais a projetos de uma sociedade coerente, disciplinada, justa, paciente, tolerante, humilde e respeitosa para com seus semelhantes (Machado, 1997, p. 47).

Atividades de autoavaliação

1. Escreva nos parênteses, ao lado de cada afirmação, se a sentença é verdadeira (V) ou falsa (F). Corrija as falsas, reescrevendo-as *corretamente*.
   ( ) Ensinar é um processo igual ao de aprender.
   ( ) Para ser um bom professor, basta saber bem o conteúdo a ser ensinado.
   ( ) Para que o aluno aprenda, basta que o professor o motive.
   ( ) Aprender e ensinar são processos complexos.

2. Assinale a alternativa correta:
   a) Ser tolerante é aceitar tudo o que os alunos fazem.
   b) Ser humilde é compartilhar o que se sabe, pois os alunos sempre sabem mais que o professor.
   c) Ser coerente é permitir que os alunos façam o que desejam, em nome da autonomia das crianças.
   d) Ser justo é ser capaz de mediar o saber da forma mais igualitária possível.

3. A escola é responsável pela formação educacional dos seus alunos. Nesse sentido, podemos afirmar que:
   a) basta que os alunos frequentem as aulas para que aprendam.
   b) educar e instruir alunos são processos iguais.
   c) bastam recursos mais modernos, como computadores e materiais alternativos, para que os alunos aprendam.
   d) educar e instruir alunos são processos diferentes.

4. A disciplina em sala de aula é de responsabilidade:
   a) da direção da escola.
   b) da coordenação.
   c) dos professores.
   d) da sociedade.

Atividades de aprendizagem

Questões para reflexão

1. Quais as características que você elencaria para (re)escrever o texto *"Intervenção e ação"*?. Cite pelo menos três delas.

2. Escolha e explique uma das características escolhidas por você, utilizando exemplos.

Atividade aplicada: prática

1. Entreviste cinco pessoas e pergunte o que é ser um bom professor. Monte uma tabela com as respostas e compartilhe com seus colegas.

Capítulo 8

Como pensar a organização didática do trabalho docente?

Do que trata este capítulo?

Este capítulo pretente suscitar reflexões sobre o ensino de Didática. Como pensar a organização do trabalho docente com base em propostas atuais, nas quais as influências midiáticas interferem, mais do que em outros tempos, nos processos de ensino e aprendizagem.

Matthew (citado por Hernández, 2007, p. 22) identifica a emergência de um novo campo de pesquisa educacional como resposta à necessidade de "investigar e analisar uma cultura dominada por imagens visuais".

Os Estudos de Cultura Visual (ECV) são um campo recente de estudos, cujo foco é construção do visual nas artes, na mídia, na vida cotidiana e na educação. Se a escola não levar em conta essas novas possíveis aproximações entre o que se ensina e o mundo para além dos muros escolares – um mundo visualmente muito rico em informações e estímulos –, torna-se difícil, para o professor, auxiliar na organização didática da mediação dos saberes nas salas de aula.

A área de investigação existente nas academias e que aponta para iniciativas curriculares diferenciadas nas escolas pode também ser centrada na imagem visual como fulcro dos processos de ensinar e de aprender. Os estudos culturais também podem se dar com base em práticas escolares que os professores consideram adequadas e eficazes – as quais podem ser levadas à academia. Elas podem partir das diferentes linguagens utilizadas na escola, como a da escrita, por exemplo, com textos que também produzem as mais variadas imagens mentais.

Existe uma distância entre o modo como a escola ensina, desenvolvendo competências e habilidades por meio de conteúdos escolares, e a forma como educam os meios da cultura popular – o cinema, os videogames, a música popular, as séries e os desenhos animados na televisão, a internet, a publicidade etc. Reconhecer isso é o primeiro passo para pensarmos em uma escola mais coerente com o momento em que vivemos.

Figura 8.1 – Meios da cultura popular

Essa diferença entre os conteúdos ministrados na escola e os ensinamentos da vida deve ser levada em conta, não apenas pela esfera da educação dos meios, mas também por parte da educação escolar: ambas em sintonia, orquestrando a mediação dos saberes. Devido ao papel relevante atribuído à influência que os meios de cultura visual têm na Educação, algumas associações podem ser feitas. Entender e pensar a organização didática das aulas é uma necessidade para além de uma técnica. Quais aproximações poderiam ser pensadas para esse fazer?

Uma sugestão dessas aproximações poderia ser a literatura. Podemos nos apropriar de outros campos do conhecimento que, como este, não pertence especificamente à educação para organizar o fazer docente.

Ítalo Calvino (1923-1985), escritor italiano, foi convidado em 1984, pela Universidade de Harvard, a proferir um ciclo de seis palestras sobre os caminhos da literatura no terceiro milênio. As apresentações seriam pautadas em seis tópicos: **leveza, rapidez, exatidão, visibilidade, multiplicidade** e **consistência**. Destes, ele deixou escritos os cinco primeiros, antes de morrer subitamente. No livro intitulado *Seis propostas para o próximo milênio*, publicado após o seu falecimento, Calvino apresenta qualidades que a literatura deveria ter para superar as crises atuais das diversas áreas do saber, e até da nossa vida.

A partir dessa ideia, e por extensão, podemos pensar que a sala de aula, ou a própria aula em si, poderia também se pautar nesses cinco (ou seis) atributos. Como deveria ser o momento em que se faz a mediação entre professor e alunos, entre o que se sabe historicamente e o que se constrói no cotidiano escolar? Como pode ser pensada a organização didática do trabalho docente? Vejamos os tópicos desenvolvidos por Calvino:

- **Leveza** – Será que a aula deve ser "leve"? Considerando a física, a leveza seria uma contraposição à ideia de peso. Peso, nesse sentido, seria o que a gravidade faz: "puxa-nos" para baixo, para o chão, sem nos deixar experimentar a leveza de sonhar. Na verdade, é comum pensarmos sempre no que vivenciamos e termos dificuldades em pensar sob outro olhar, sob a ótica do diferente. Calvino (1990, p. 28), ao estabelecer um diálogo com Paul Valéry, escreve: "É preciso ser leve como o pássaro, e não como a pluma". Tomando como base essa ideias, que as nossas aulas sejam como pássaros que voam, e não como plumas que se perdem ao vento.

Crédito: Photos to Go

- **Rapidez** – Quem não se recorda de aulas que "passam" rapidamente, de tão leves que são? O tempo passa de forma diferente quando o assunto é interessante. Conteúdos são assim. Quando o professor consegue "prender" a atenção de seus alunos pelo "novo", pelo "curioso", não apenas a aula termina rapidamente como, e principalmente, faz com que a autoridade deste se confirme. Tantas reclamações sobre (in)disciplina poderiam ser minimizadas com aulas interessantes ao invés de divertidas. De acordo com Calligaris (2002), "o divertido nos afasta e nos distrai. O interessante nos envolve e nos engaja". Aulas rápidas não são aquelas em que o tempo passa cronologicamente como a sociedade estabeleceu, mas, sim, quando, **em um tempo nosso, particular**, passam tão velozes que nem percebemos.

Crédito: Photos to Go

- **Exatidão** – De acordo com Moreno (2009),

    "**exatidão** quer dizer principalmente três coisas: (1) um projeto de obra bem definido e calculado; (2) a evocação de imagens visuais nítidas, incisivas, memoráveis: temos em italiano um adjetivo que não existe em inglês, *icástico*, do grego *eikastikos*; (3) uma linguagem que seja a mais precisa possível como léxico e em sua capacidade de traduzir as nuanças do pensamento e da imaginação"[1].

---

1   O texto citado pode ser lido, na íntegra, no *link*:
     <http://wp.clicrbs.com.br/sualingua/2009/04/29/calvino-fala-sobre-a-imprecisao/>.

Uma aula exata é bem definida e calculada. Também deve evocar imagens nítidas, visuais, incisivas, memoráveis... Imagens que tenham uma linguagem acessível, que traduza de maneira adequada o que se quer ensinar.

- **Visibilidade** – Calvino (1990, p. 102) escreveu as referidas palestras pensando na literatura. Se levarmos em conta a ideia de tornar uma aula "visível", deveríamos prestar mais atenção à "prioridade da imagem visual sobre a expressão verbal", pois, se o mundo está coalhado de imagens, por que teimamos em manter o texto escrito como único registro e única resposta ao trabalho escolar? Sem perceber, estamos perdendo a "capacidade de pensar por imagens, face ao dilúvio de imagens pré-fabricadas na sociedade atual" (p. 107). Hernández (2007, p. 32) acredita que um meio para compreender essas mudanças, que repercutem fortemente na Educação, é "buscar aproximar-se, do ponto de vista de uma perspectiva crítica, às representações visuais a que se vinculam crianças e jovens", prestando atenção especial às suas formas de apropriação e de resistência.

Conteúdos e saberes apresentados de forma visível aos alunos, trabalhos visualmente impecáveis, densos, ricos em informações: tudo isso contribui para que os alunos aprendam. É a riqueza da linguagem imagística.

- **Multiplicidade** – O que mais podemos desejar, além de uma aula múltipla, que se entranhe nos alunos de tal maneira que tenha múltiplos significados e significações, que possibilite percursos dos mais variados e atinja mais pessoas do que apenas as que frequentam a sala de aula? Sem dúvida, seria ideal se isto acontecesse...

Crédito: Photos to Go

- **Consistência** – Calvino não chegou a escrever a última conferência, pois faleceu antes. Mas, pensando além da literatura, aulas consistentes são as que "produzem e apresentam" resultados. Aulas inconsistentes deixam de ter sentido. Paulo Freire (2010) afirmava que o professor que não ensina, não se justifica. Aulas cujos "conteúdos" não se sustentam não facilitam o aprendizado, nem são consistentes. Talvez, com muita sorte, alguns alunos, por curiosidade, desejem pesquisar o que não se "mantém" com coerência, mas dificilmente isso acontece. O comum é o abandono do trabalho; o desinteresse, a evasão e a repetência são apenas consequências, muito difíceis de superar.

Crédito: Photos to Go

Calvino (1990, p. 72) ainda nos diz que vivemos em um mundo repleto de imagens:

> Vivemos sob uma chuva ininterrupta de imagens; os media todo-poderosos não fazem outra coisa senão transformar o mundo em imagens, multiplicando-o [...]. Grande parte dessa nuvem de

imagens se dissolve imediatamente como os sonhos que não deixam traços na memória; o que não se dissolve é uma sensação de estranheza e mal-estar.

Somos uma civilização que vive de imagens. São tantas que fica difícil saber quando acontece a reflexão ou apenas a aceitação do que é visto, ouvido, percebido, vivido. Cremos ser desnecessário insistir na questão do mundo imagético em que estamos inseridos. Mas não vemos o mesmo acontecer nos bancos escolares e universitários. Pensamos constantemente em metodologias para fazer com que o aluno goste da nossa aula, quando deveríamos fazer com que o aluno gostasse da ciência que origina esses conhecimentos, e não da aula em si. Insere-se o lúdico como se fosse o redentor das metodologias. Já sabemos que isso não acontece, mas muitos continuam insistindo em usar jogos e músicas, fora do contraste, para que os alunos "gostem" das aulas. E o conhecimento, onde fica?

Professores e alunos, com muita frequência, pensam a escola como um tempo e um espaço de preparação, de espera para um futuro promissor. Como se a alegria de aprender não fosse o mais importante no desenvolvimento de adultos e crianças, naquele momento específico. Como escolha metodológica, o professor pode apresentar aos alunos um texto, um determinado autor ou uma ideia, mas não pode apreciá-los por eles, não pode sentir o texto ou vivenciá-lo por eles. E é por essa razão que ele deve encontrar o melhor caminho metodológico para que o próprio aluno perceba o prazer de descobrir, de aprender, de construir seus próprios conhecimentos.

Um dos recursos a que professores podem recorrer é a utilização de imagens, pois elas estão por toda parte. Seja na forma virtual, sonora ou escrita, imagens são instrumentos complexos muito pouco usados por nós, professores, e muito, muito utilizados pelas mídias. Hernández (2007, p. 24) sugere que se desenvolva o **alfabetismo visual crítico**, que "permite aos aprendizes analisar, interpretar, avaliar e criar a partir da relação entre os saberes que circulam pelos 'textos' orais, auditivos, visuais, escritos, corporais e, especialmente, pelos vinculados às imagens que saturam as representações tecnologizadas contemporâneas".

É difícil aceitar que, geralmente, mesmo com muitas horas e dias de aula, os alunos tenham dificuldades para se lembrar do professor e dos conteúdos ensinados. Na contramão, um anúncio televisivo, com duração aproximada de trinta segundos, apresenta, nesse curtíssimo espaço de tempo, produtos, marcas, forma de uso, local de compra, nomes diferentes e, o pior, desejo de comprar. Como isso é possível? Som e imagem conjugados em uma tela nos fazem sentir incompetentes. Imaginem se forem incluídas sensações táteis ou espaciais, como nos videogames: a figura do professor poderá perder o pequeno *status* que ainda tem.

A cultura visual é diferente de outras culturas, como a verbal, a textual e a gráfica, mas todas convergem para a criação de imagens mentais, em torno das quais podem ser encontradas outras imagens. Forma-se uma rede de analogias, de possibilidades simétricas e assimétricas, de diálogos entre as próprias ideias, que possibilitarão ao aluno a assimilação dos conceitos que pretendemos ensinar. Operações que permitem o **aprender**. Retomando Piaget, o conhecimento não se encontra no objeto ou no sujeito, mas nas ações que o sujeito exerce sobre os objetos. Portanto, possibilitar que o sujeito e o objeto se relacionem por imagens é também possibilitar que os sujeitos aprendam.

Nesse sentido, Vygotsky (2000, p. 175) diz que "na percepção, no pensamento e na ação a criança revela essa tendência a associar, a partir de uma única impressão, os elementos mais diversos e internamente desconexos, fundindo-os numa imagem que não pode ser desmembrada". É disso que precisamos agora: a construção de imagens como mediadoras dos saberes historicamente construídos e organizados pela humanidade.

A Didática, como ciência da Educação, aglutina estudos interdisciplinares e considera a possibilidade de escolhas. Podemos escolher entre a linguagem visual ou a gráfica, entre sons ou cores, entre discursos tramsitidos por meio de olhares ou por meio da fala expositiva. Temos a responsabilidade de decidir o que é melhor para aquele momento: a leitura individual ou o som da leitura do professor? Precisamos refletir se, para determinados alunos, o ideal é uma imagem ou um movimento corporal; se o mais adequado é fazer uso de imagens estáticas ou em movimento, dos comportamentos passivos ou dos ativos. Nem sempre o que é bom para uma turma funciona bem para outra. Quem é professor sabe disso. As imagens não devem ser mostradas necessariamente no computador, e não devem ser buscadas obrigatoriamente em obras de arte, mas também, e principalmente, na poesia, em textos e contextos dos mais variados. Podem ser realizados desenhos na quadra da escola, traçados em folhas de diferentes texturas e cores, utilizando grafismos construídos com materiais diversos.

Segundo Meira (2003, p. 132-133), "o sujeito enfrenta, hoje, no cotidiano, uma verdadeira epopeia do olho e da pulsão de ter que ler com o olhar". Ao associar esse olhar com as ações da escola, o autor diz:

> Diante de tão grande número de ofertas visuais, performáticas e espetaculares na sociedade, a escola encontra-se em desvantagem, pois os chamados auxiliares de ensino audiovisuais, a comunicação corporal do professor, sua retórica, não convencem. O mundo da escola é um mundo cinza, parado e passivo. As imagens, na escola, são manipuladas como se fossem neutras e inofensivas, além de serem mal aproveitadas em termos de possibilidade educativa. Não se prepara o professor para desempenhos comunicativos e expressivos ao nível do desafio do ensino e das crianças atuais, não se prepara o professor, sobretudo, para dialogar com o mundo através de um universo imaginal. (Meira, 2003, p. 132-133)

Em um mundo midiático, repleto de imagens, sons e movimento, não podemos continuar pensando que a sala de aula seja a mesma. Tampouco que os alunos permaneçam fiéis a um modelo de escola de meados do século XX, e muito menos que os profissionais da Educação de hoje tenham e possam reproduzir modelos que eram considerados bons no século passado. Precisamos refletir sobre as mudanças e tentar inovar. Ou, melhor analisando, ponderar se determinado procedimento é adequado ao que consideramos mais oportuno, atual e coerente com a nossa sociedade e com nossos valores.

Devemos ter em mente que o que nós hoje planejarmos, muito provavelmente será construído por nossos filhos e vivenciado por nossos netos. Haverá a tendência de um descompasso entre o que se sonha e o que se faz; entre o que se considera adequado e o que é possível de se realizar; entre o pensado e o vivido; entre o hoje e o amanhã. Isso, porém, não deveria acontecer entre a prática e a teoria, que são o cerne do trabalho do professor que pesquisa, estuda e leva para a sala de aula o que melhor sabe fazer. Se levarmos em conta essas questões, o nosso trabalho não terá sido em vão e a escola não mais estará um passo atrás do que desejamos.

Vivemos e trabalhamos em um mundo visualmente complexo. Portanto, devemos refletir sobre essa complexidade na hora de utilizar as diversas formas de comunicação, não apenas a palavra escrita. Devemos ensinar aos estudantes a linguagem do som e das imagens, do movimento e do silêncio, dos estudos e da reflexão, da pesquisa e da prática.

Para finalizar, ao pensarmos na organização didática do seu trabalho docente, sugerimos que o profissional da Educação, tomando para si as sugestões de Calvino para a literatura, lembre-se sempre de perguntar:

- A aula é "leve"?
- Passa rápido?
- Apresenta precisão, exatidão em seus conteúdos?

- É "visível" aos olhos dos alunos?
- Permite múltiplas leituras e possibilita variados olhares?
- É consistente com a proposta da escola, com o projeto de vida de cada um?

Se a sua reflexão tiver mais respostas positivas para essas questões, o seu trabalho terá, muito provavelmente, bons resultados.

Esperamos, com estas ideias, que não se confirme o que Gusdorf (1993, p. 14) escreve: "a maioria dos alunos se resigna docemente à monotonia da escola, esperando que ela termine ao fim de cada dia, ao fim de cada ano, ao fim da juventude – na expectativa (e conformando-se com isso) de que ela os prepare para aquele famoso futuro cheio de promessas e ameaças", mas se construa junto com os alunos, professores e comunidade, uma escola que cumpra efetivamente o seu papel e a respeito da qual os alunos possam dizer: "Aprendemos muito, valeu professor!".

Questão para reflexão

1. Observe as imagens deste capítulo e os termos **leveza, rapidez, exatidão, visibilidade, multiplicidade e consistência**. Quais aproximações entre texto e imagens podem ser feitas?

2. Este texto termina, mas o trabalho não. Quanto do que você leu será aproveitado em sua prática de sala de aula? Difícil determinar... Mas isso não é o principal. Reflita sobre o que você leu; compartilhe com seus colegas de profissão. Aproprie-se das ideias do texto que lhe são caras e que se identificam com os desejos e os sonhos que todo e qualquer profissional sério da Educação tem.

Considerações finais

Neste livro, passamos por diferentes conteúdos. No capítulo 1, apresentamos a Didática como uma das ciências da Educação, estudo fundamental para professores de todos os níveis de atuação. Para poder entender como ela surge e onde se insere, apresentamos um breve percurso histórico. Com isso, pudemos confirmar que ainda temos dificuldades para transitar com equilíbrio entre a teoria e prática. Na maioria dos cursos de formação existe uma fundamentação teórica imprescindível, mas, de certa forma, deixamos de lado o olhar prático, o trabalho em sala de aula. Outros cursos fazem o inverso: prática em excesso e pouco espaço para a teoria. Em ambas as situações, ao se sentirem despreparados – o que é muito comum –, não é raro vermos professores que buscam formação continuada, porém, buscam apenas "receitinhas" de atividades, sem perceber que estas não se sustentam sem a devida retaguarda teórica. Poucos são os que buscam referenciais mais densos, que poderiam explicar o que acontece em uma sala de aula.

Há diferenças conceituais entre método, Metodologia e Didática. Dificilmente se entende o que seja Didática sem ter a clareza do estudo de métodos possíveis de serem aplicados no cotidiano escolar. Isso foi abordado no capítulo 2.

Retomamos questões históricas no capítulo 3, agora no Brasil. Apresentamos os teóricos mais significativos de nosso percurso, nas diferentes abordagens pedagógicas da escola brasileira. José Carlos Libâneo, Maria da Graça Nicoletti Mizukami e Dermeval Saviani nos contam sobre a educação brasileira. Depois, tendo como base as ideias desses autores, fazemos um contraponto com Juan Díaz Bordenave, professor considerado tecnicista.

No capítulo 4, o dia a dia da escola nos conduz à prática, que inclui procedimentos-padrão, entre eles a questão do planejamento. Apesar de não ser o mais importante, é bom ter uma espécie de roteiro a ser seguido para mostrar à coordenação e à direção da escola – deveria ser também direcionado aos pais e à comunidade – o que se pretende fazer com os alunos em termos de ações didáticas. O planejamento organiza, impede repetições desnecessárias, contribui para que as aulas não sejam monótonas, enfim, podemos afirmar que ele é imprescindível.

Diferenças entre aprender e ensinar também foram discutidas. Dois teóricos significativos no século XX, e que continuam importantes, Vygotsky e Piaget, auxiliaram nessa apresentação. Projetos, ações que dificilmente acontecem em sala de aula foram abordados no capítulo 5, com a extensão para projetos interdisciplinares. Hoje em dia, as ações da escola aparentemente são projetos, mas se identificam muito mais com planos, por serem terminais, sugeridos pela escola ou pelas secretarias municipais e estaduais, sem a possibilidade de escolha ou de recusa por parte dos alunos.

Para encerrar o processo educacional, no capítulo 6, estudamos a avaliação como parte de um percurso. Vimos que ela deve ser continuada, com momentos pontuais, composta por variados instrumentos e critérios e sua correspondente valoração.

Retomamos, no capítulo 7, os processos de ensino e de aprendizagem: as diferenças entre o ato de ensinar e o de aprender, seguidos das ações e das intervenções possíveis.

No capítulo 8, tratamos novamente das práticas, mas com os respectivos aportes teóricos que as podem sustentar. E, finalmente, analisamos a aproximação entre a Educação, a sala de aula e a literatura, utilizando um texto de Ítalo Calvino para reflexão.

Esperamos, com isso, que as reflexões e as ações propostas deem resultados positivos e que você obtenha sucesso nessa sua jornada. Ser professor não é vocação, não é dom divino. Ser um profissional da Educação é um trabalho específico, que requer muito estudo e incansável esforço pessoal.

Referências

ABBAGNANO, N.; VISALBERGHI, A. **História de la Pedagogia**. Mexico: Fondo de Cultura Economica, 1987.

ALVES-MAZZOTT J.; GEWANDSZNAJDER, F. **O método nas ciências naturais e sociais**: pesquisa quantitativa e qualitativa. São Paulo: Pioneira Thompson Learning, 2002.

ANDRE, M. et al. Estado da arte da formação de professores no Brasil. **Educação e Sociedade**, Campinas, v. 20, n. 68, p. 301-309, dez. 1999. Disponível em: <http://www.scielo.br/pdf/es/v20n68/a15v2068.pdf>. Acesso em: 30 maio 2010.

BORDENAVE, J. D., PEREIRA, A. M. **Estratégias de ensino-aprendizagem**. Petrópolis: Vozes, 1989.

BRASIL. Lei n. 9.394, de 20 de dezembro de 1996. Diário Oficial da União, Poder Legislativo, Brasília, DF, 23 dez. 1996. Disponível em: <http://www.planalto.gov.br/ccivil_03/Leis/L9394.htm>. Acesso em: 12 jan. 2011.

_____. Ministério da Educação. **Parâmetros Curriculares Nacionais**: introdução aos Parâmetros Curriculares Nacionais. Brasília, 1997. Disponível em: <http://portal.mec.gov.br/seb/arquivos/pdf/livro01.pdf>. Acesso em: 31 mar. 2011.

_____. Ministério da Educação e do Desporto. Secretaria de Educação Fundamental. **Parâmetros Curriculares Nacionais**. v. 1: introdução. Brasília: MEC/SEF, 1998a.

_____. **Referencial curricular nacional para a educação infantil**. Brasília: MEC/SEF, 1998b.

CALLIGARIS, C. Vida divertida ou vida interessante? Grupo de Trabalho e Pesquisa em Orientação Sexual e Sexo na Adolescência – GTPOS. 2002. Disponível em: <http://www.gtpos.org.br/index.asp?Fuseaction=Informacoes&ParentId=272>. Acesso em: 4 abr. 2011.

CALVINO, I. Seis propostas para o próximo milênio. 2. ed. São Paulo: Companhia das Letras, 1990.

CANDAU, V. (Org.). **A Didática em questão**. Petrópolis: Vozes, 1983.

_____. (Org.) **Rumo a uma nova Didática**. 10. ed. Petrópolis: Vozes, 1999.

CHATEAU, J. **O jogo e a criança**. São Paulo: Summus, 1987.

CHAUI, M. **Convite à filosofia**. São Paulo: Ática, 2003.

CINPOF – Centro Interdisciplinar de Formação Continuada de Professores. Disponível em: <www.cinfop.ufpr.br>. Acesso em: 8 jan. 2010.

COMENIUS, J. A. **Didáctica Magna**: tratado da arte universal de ensinar tudo a todos. Lisboa: Fundação Calouste Gulbenkian, 1985.

COMENIUS, I. A. **Didática magna**. Fundação Calouste Gulbenkian, 2001. Disponível em: <http://www.culturabrasil.org/didaticamagna/didaticamagna-comenius.htm>. Acesso em: 4 nov. 2010.

CORTELLA, M. S. **A escola e o conhecimento**. São Paulo: Cortez, 1998.

CUNHA, A. G. **Dicionário etimológico**: nova fronteira da língua portuguesa. 2. ed. Rio de Janeiro: Nova Fronteira, 1997.

DARNTON, R. **O Iluminismo como negócio**. São Paulo: Companhia das Letras, 1996.

DESCARTES, R. **Discurso del metodo**. Buenos Aires: Aguilar, 1964.

DOMINGUES, M. **Bases metodológicas para o trabalho científico**: para alunos iniciantes. Bauru: Edusc, 2003.

ESCHER, M. C. **Gravura e desenhos**. Köln, Germany: Taschen, 1994.

FAZENDA, I. (Org.). **Práticas interdisciplinares na escola**. São Paulo: Cortez, 1993.

FERREIRA, S. L. Introduzindo a noção de interdisciplinaridade. In: FAZENDA, I. (Org.). **Práticas interdisciplinares na escola**. São Paulo: Cortez, 1993.

FERREIRA, S. P. A.; LAUTERT, S. L. A tomada de consciência analisada a partir do conceito de divisão: um estudo de caso. **Psicologia**: reflexão e crítica, vol. 16, n. 3, p. 547-554, 2003. Disponível em: <http://www.scielo.br/pdf/prc/v16n3/v16n3a13.pdf>. Acesso em: 28 jan. 2011.

FREIRE, P. **D'Ambrosio entrevista Paulo Freire**. Disponível em: <http://vello.sites.uol.com.br/entrevista.htm> Acesso em: 24 maio 2010.

_____. **Pedagogia da autonomia**: saberes necessários à prática educativa. Rio de Janeiro: Paz e Terra, 2000.

FREITAS, H. C. L. Certificação docente e formação do educador: regulação e desprofissionalização. **Educação e Sociedade**, Campinas, v. 24, n. 85, p. 1095-1124, dez. 2003. Disponível em: <http://www.scielo.br/pdf/es/v24n85/a02v2485.pdf>. Acesso em: 30 maio 2010.

GADOTTI, M. História das ideias pedagógicas. 8. ed. São Paulo: Ática, 2003.

_____. **Pensamento pedagógico brasileiro**. São Paulo: Ática, 2004.

GOERGEN, P. Prefácio. In: KULESZA, W. A. **Comenius**: a persistência da utopia em educação. Campinas: Unicamp, 1992.

GUSDORF, G. Para uma pesquisa interdisciplinar. **Diógenes**, Brasília v. 4, p. 11-34, 1984.

_____. **Alunos felizes**. Rio de Janeiro: Paz e Terra, 1993.

HARPER, B. et al. **Cuidado, escola!** 8. ed. São Paulo: Brasiliense, 1980.

HERNÁNDEZ, F. **Transgressão e mudança na educação**. Porto Alegre: Artmed, 1998.

_____. **Cultura visual, mudança educativa e projeto de trabalho**. Porto Alegre: Artmed, 2000.

_____. **Catadores da cultura visual**: proposta para uma nova narrativa educacional. Porto Alegre: Mediação, 2007.

HOFFMANN, J. **Mito e desafio**. Porto Alegre: Educação e Realidade, 1991.

HOUAISS, A.; VILLAR, M. S. **Dicionário Houaiss da língua portuguesa**. Rio de Janeiro: Objetiva, 2001.

JAPIASSU, H. **Interdisciplinaridade e patologia do saber**. Rio de Janeiro: Imago, 1976.

KULESZA, W. A. **Comenius**: a persistência da utopia em educação. Campinas: Unicamp, 1992.

LIBÂNEO, J. C. **Tendências pedagógicas na prática escolar**. Petrópolis: Loyola, 1982.

LIBLIK, A. M. P. **Avaliação**. Curitiba: Cinfop/UFPR, 2005.

_____. **Didática teórica e prática**. Curitiba: Ed. da UFPR, 2009.

LUCKESI, C. **Avaliação**. 2. ed. São Paulo: Cortez, 1999.

MACHADO, N. J. **Epistemologia e didática**. São Paulo: Cortez, 1995.

_____. **Cidadania e educação**. São Paulo: Escrituras, 1997.

_____. **Educação**: projetos e valores. São Paulo: Escrituras, 2000.

MANACORDA, M. A. **História da educação**. 3. ed. São Paulo: Autores Associados, 1992.

MARIN, A. J. (Org.). **Didática e trabalho docente**. Araraquara: Junqueira & Marin, 2005.

MARTINS, P. L. O. **Didática teórica – Didática prática**: para além do confronto. São Paulo: Edições Loyola, 1989.

MARTINS, P. L. O. **A Didática e as contradições da prática**. Campinas: Papirus, 1998.

MEIRA, M. (Org.). **Psicologia escolar**: práticas críticas. São Paulo: Casa do psicólogo, 2003.

MELO, A.; URBANETZ, S. T. **Fundamentos de didática**. Curitiba: Ibpex, 2008.

MIZUKAMI, M. G. N. **Ensino**: as abordagens do processo. São Paulo: EPU, 1986.

MORENO, C. Calvino fala sobre a imprecisão. **Sua língua**, 29 abr. 2009. Disponível em: <http://wp.clicrbs.com.br/sualingua/2009/04/29/calvino-fala-sobre-a-imprecisao/>. Acesso em 8 jan. 2010.

MORETTO, V. **Prova**: um momento privilegiado de estudo, não um acerto de contas. Rio de Janeiro: DP&A, 2001.

NÉRICI, I. **Didática geral**. 8. ed. Rio de Janeiro: Fundo de Cultura, 1969.

NETSABER BIOGRAFIAS. **Jan Huss**. Disponível em: <http://www.netsaber.com.br/biografias/ver_biografia_c_2395.html>. Acesso em: 13 fev. 2011.

NÓVOA, A. **O lugar dos professores**: terceiro excluído? APM – Educação e Matemática. Disponível em: <http://www.apm.pt/apm/revista/educ50/educ50_3.htm>. Acesso em: 28 jan. 2011.

OLIVEIRA, M. K. **Vygotsky**: aprendizado e desenvolvimento – um processo sociopolítico. São Paulo: Scipione, 1993.

PAIS, L. C. **Didática de matemática**: uma análise da influência francesa. Belo Horizonte: Autêntica, 2002.

PENROSE, R. Inteligência matemática. In: KHALFA, J. **A natureza da inteligência**. São Paulo: Fundação Editora da Unesp, 1996.

RIBEIRO, D.; MOREIRA NETO, C. A. (Org.). **A fundação do Brasil**. Petrópolis: Vozes, 1992.

RODRIGUES JUNIOR, J. F. **A taxionomia de objetivos educacionais**: um manual para o usuário. Brasília: Ed. da UnB, 2007.

SAIANI, C. **O valor do conhecimento tácito**: a epistemologia de Michael Polanyi na escola. São Paulo: Escrituras, 2004.

SANTOS, R. V. Abordagens do processo de ensino e aprendizagem. **Revista Integração**, ano XI, n. 40, p. 19-30, jan./mar. 2005. Disponível em: <http://www.usjt.br/prppg/revista/integracao_40.php>. Acesso em: 8 nov. 2010.

SAVIANI, D. **História das ideias pedagógicas no Brasil**. Campinas: Autores Associados, 2008.

SAVIANI, D. Pedagogia: o espaço da educação na universidade. **Cadernos de Pesquisa**, v. 37, n. 130, p. 99-137, jan./abr. 2007. Disponível em: <http://www.scielo.br/pdf/cp/v37n130/06.pdf>. Acesso em: 25 maio 2011.

SCHEIBE, L. Diretrizes curriculares para o curso de pedagogia: trajetória longa e inconclusa. **Cadernos de Pesquisa**, São Paulo, v. 37, n. 130, p. 43-62, abr. 2007. Disponível em: <http://www.scielo.br/pdf/cp/v37n130/04.pdf>. Acesso em: 30 maio 2010.

TEIXEIRA, G. **Glossário de termos usados em Didática**. In: Ser professor universitário. Disponível em: <http://www.serprofessoruniversitario.pro.br/ler.php?modulo=12&texto=775>. Acesso em: 27 maio 2010.

TIBA, I. **Disciplina**: limite na medida certa. São Paulo: Gente, 1996.

VASCONCELLOS, C. **Avaliação**: concepção dialética-libertadora do processo de avaliação. São Paulo: Libertad, 1995.

VYGOTSKY, L. S. **Pensamento e linguagem**. São Paulo: Martins Fontes, 2000.

WEIL, P.; D'Ambrosio, U.; Crema. **Rumo à nova transdisciplinaridade**: sistemas abertos de conhecimento. São Paulo: Summus, 1993.

WOLFRAM MATHWORLD. **Penrose Triangle**. Disponível em: <http://mathworld.wolfram.com/PenroseTriangle.html>. Acesso em: 9 jun. 2011.

Respostas

Capítulo 1
Atividades de autoavaliação
1. d
2. b
3. a
4. d
5. c

Capítulo 2
Atividades de autoavaliação
1. d
2. b
3. c
4. a

Capítulo 4
Atividades de autoavaliação:
1. d
2. d
3. d
4. d

Capítulo 5
Atividades de autoavaliação:
1. d
2. d
3. c
4. b

Capítulo 6
Atividades de autoavaliação
1. d
2. d
3. c
4. b

Capítulo 7
Atividades de autoavaliação
1.
   a) Falsa – Correta: Ensinar e aprender são processos diferentes.
   b) Falsa – Correta: Para ser um bom professor é preciso saber mais do que o conteúdo a ser ensinado.
   c) Falsa – Correta: Para que aprenda, basta que o aluno se motive e estude.
   d) Verdadeira.
2. d
3. d
4. c

Sobre a autora

Ana Maria Petraitis Liblik

É doutora em Educação (2001) pela Universidade de São Paulo – USP e mestre em Educação (1996) pela Universidade Federal do Paraná – UFPR. Possui graduação – bacharelado e licenciatura – em Matemática (1974) pela Pontifícia Universidade Católica de São Paulo – PUCSP e graduação em Educação Artística (2011), com habilitação em Desenho, pela UFPR.

Tem experiência na área da Educação, com ênfase em Educação Matemática. Trabalha principalmente com os seguintes temas: Educação, Arte e Educação, Educação Matemática e Expressão Gráfica.

Atualmente, é professora adjunta na UFPR, onde é vinculada ao Setor de Educação e integra o Programa de Pós-Graduação no Ensino de Ciências e Matemática.

E-mail para contato: ampliblik@gmail.com

Os papéis utilizados neste livro, certificados por instituições ambientais competentes, são recicláveis, provenientes de fontes renováveis e, portanto, um meio responsável e natural de informação e conhecimento.

FSC
www.fsc.org
MISTO
Papel produzido
a partir de
fontes responsáveis
FSC® C103535

Impressão: Reproset
Janeiro/2023